Otto Kaemmel

Grundzüge der sächsischen Geschichte

Für Lehrer und Schüler höherer Schulen

Otto Kaemmel

Grundzüge der sächsischen Geschichte
Für Lehrer und Schüler höherer Schulen

ISBN/EAN: 9783743666443

Hergestellt in Europa, USA, Kanada, Australien, Japan

Cover: Foto ©Paul-Georg Meister /pixelio.de

Weitere Bücher finden Sie auf **www.hansebooks.com**

Grundzüge
der
Sächsischen Geschichte

für

Lehrer und Schüler höherer Schulen

von

Prof. Dr. Otto Kaemmel,
Rektor des Nicolaigymnasiums in Leipzig.

Zweite verbesserte und ergänzte Auflage.

Dresden,
Verlag von Alwin Huhle
(Karl Adlers Buchhandlung).
1898.

Aus dem Vorwort zur ersten Auflage.

Dies Büchlein hofft einem Bedürfnisse entgegenzukommen, das bei dem geschichtlichen Unterrichte auf den höheren Stufen wohl oft empfunden wird. Während für den Unterricht in der Volksschule Mohrs kleine „Geschichte von Sachsen" in der Bearbeitung von Flathe vielfach Eingang gefunden hat, fehlt es für die oberen Klassen der höheren Unterrichtsanstalten an einem entsprechenden Hilfsmittel. Zwar wird an diesen die sächsische Geschichte als besonderer Gegenstand nicht behandelt, sondern nur im Zusammenhange mit der allgemeinen oder deutschen Geschichte; allein für die Seminarien ist ein tieferes Eingehen auf sie direkt vorgeschrieben, und auch auf den Gymnasien und den Realanstalten wird es vorausgesetzt. Gewöhnlich aber bieten die historischen Lehrbücher eine genügende Grundlage dafür nicht, und so wird der Gegenstand wohl oft unbilligerweise vernachlässigt. Der Verfasser meint deshalb, daß seine anspruchslose Arbeit manchem willkommen sein und besonders in den Seminarien neben den Lehrbüchern der allgemeinen Geschichte Eingang finden könnte. Er hat sich bemüht, den weitschichtigen Stoff in möglichst knapper und verständlicher Form unter Ausscheidung alles Nebensächlichen zusammen zu fassen. Namentlich die Kulturgeschichte ist sorgfältig berücksichtigt, dagegen alles bloß Anekdotenhafte ausgeschlossen oder nur kurz angedeutet. Dafür wird der Zusammenhang mit der allgemeinen deutschen Geschichte, ohne den die Entwickelung Sachsens gar nicht verstanden werden kann, überall gewahrt. Daß der Verfasser die Thatsachen sprechen läßt und sich jedes aufbringlichen Urteilens enthält, versteht sich ebenso von selbst, wie daß die Liebe zu Fürst und Land nirgends verleugnet wird. Sachsen hat sich seiner Vergangenheit nicht zu schämen, soviel Unglück sie auch enthalten mag, und die Freude am Vaterlande durch Einführung

in seine Geschichte zu erwecken ist ein Hauptzweck jedes geschicht=
lichen Unterrichts. Man wird deshalb in dem Büchlein auch von
dem elegischen Tone nichts finden, der so oft volkstümliche Dar=
stellungen der sächsischen Geschichte durchdringt.

Die historische Karte wird eine willkommene und fast unent=
behrliche Zugabe sein. Eine Zeittafel und ein Stammbaum des
Hauses Wettin sind außerdem beigefügt.

Leipzig, am 29. Oktober 1891.

Dr. Otto Kaemmel.

Vorwort zur zweiten Auflage.

Für die Verbesserungen und Berichtigungen in dieser neuen
Auflage bin ich den Herren Professor Dr. Gustav Diestel in
Dresden und Professor Dr. Bernhard Sachse in Leipzig zu be=
sonderem Danke verpflichtet. Daß ein neuer Abschnitt über die
Regierung König Alberts beigefügt ist, wird man in der Ordnung
finden. Möge der Umstand, daß das kleine Buch unter dem
Zeichen der bevorstehenden Feier des siebzigsten Geburtstages
und des fünfundzwanzigjährigen Regierungsjubiläums unseres
Landesherrn, des volkstümlichsten Regenten und des größten Feld=
herrn Wettinischen Stammes, zum zweiten Male seinen Weg
antritt, ein glückverheißendes Zeichen sein!

Leipzig, am 28. Februar 1898.

O. K.

I. Das Mittelalter.

Von den ältesten Zeiten bis zur Leipziger Teilung 1485.

1. Die Begründung der deutschen Herrschaft und Kultur bis 1089.

§ 1. Im gegenwärtigen Königreich Sachsen wohnten während der germanischen Urzeit die Hermunduren (d. i. die großen, die mächtigen Duren), deren Gebiet im Westen noch Thüringen umfaßte. Im Laufe des 5. Jahrhunderts n. Chr. wurde jener alte Name durch die neue Form Thüringer (d. h. die Nachkommen der Duren, vgl. Merowinger, Karolinger) ersetzt. Zu dieser Zeit bildeten die Thüringer ein mächtiges Reich, das im Norden bis an den Harz, im Süden bis an die obere Donau reichte. Allein im Jahre 531 erlagen sie unter ihrem König Hermanfried in der sagenberühmten Schlacht an der Unstrut (Burgscheidungen) den verbündeten Franken und Sachsen. Ihr Reich zerfiel. Den nördlichsten Teil nahmen die Sachsen in Besitz, im südlichen Teile am Main ließen sich fränkische Ansiedler nieder. Nur dem mittleren Teile nördlich des Thüringer Waldes (der Rennstieg) blieb der Name und eine gewisse innere Selbständigkeit unter der Oberhoheit des fränkischen Reichs.

§ 2. Den ganzen wohl nur dünnbevölkerten Osten des Landes jenseits der Saale besetzten die längst im Vordringen begriffenen Sorben vom Stamme der Slawen (Wenden). Doch mieden sie das mit unermeßlichem Urwald bedeckte Gebirge und beschränkten sich auf das offene Flachland. Hier ließen sie sich geschlechterweise in kleinen Dörfern nieder (Rundling oder Gassendorf), die entweder nach der Beschaffenheit des Ortes (Leipzig von lipa, Linde, Ölsnitz von olša, Erle, Zittau von žito, Getreide) oder nach dem Namen des Geschlechtsoberhauptes (Bobrovice, die Leute des Bobr, jetzt Bobritzsch) bezeichnet wurden. Sie trieben nur oberflächlichen Ackerbau mit ihrem Hakenpflug, überwiegend Viehzucht, Jagd und Fischfang; uralt ist auch ihre Leinweberei. Mit den deutschen Nachbarn und dem arabisch-byzantinischen Morgenlande unterhielten sie einen gewissen Verkehr, wie Münzfunde beweisen. Jeder kleine Stamm, die Daleminzier um Lommatzsch, die Milzener um Bautzen u. a. m. lebte für sich unter einem Fürsten, besaß eine Hauptburg (grad, hrad) und zerfiel in kleinere Burgbezirke mit einem „Burgwart" als Mittelpunkt (vgl. mehrere der sog. „Heidenschanzen" in der Oberlausitz). Als Götter verehrten die Slawen die Naturgewalten, so die Dreiheit (Triglaw)

Perkun, Rabegaſt, Shiwa, die Zweiheit Bielebog und Czernebog (d. i. der
gute und böſe Gott) auf hohen Bergen (dem Czernebog) oder in heiligen
Hainen mit Gebeten und Opfern, zuweilen auch Menſchenopfern.

§ 3. Um die Grenze an der Saale gegen die fortgeſetzten Ein=
fälle der Slawen zu ſichern, unterwarf Kaiſer **Karl der Große**
(768—814) nach der Bezwingung der Sachſen auch die Slawen im
Oſten der Elbe und Saale (die Sorben 806) der fränkiſchen Ober=
hoheit und begründete die **thüringiſche Mark**. Doch löſte ſich
das lockere Verhältnis wieder auf, als im Laufe des 9. Jhrdts. das
große fränkiſche Reich in einzelne Staaten zerfiel (Teilung von
Verdun 843, Ludwig der Deutſche). Seitdem ſteigerten ſich die
Feindſeligkeiten an der Grenze, namentlich als die räuberiſchen
Ungarn (Magyaren) ihre Einfälle in Deutſchland begannen.

§ 4. Als nun unter den letzten ſchwachen Herrſchern des oſt=
fränkiſchen (deutſchen) Karolingerhauſes die deutſchen Stämme überall
Stammesherzöge an ihre Spitze ſtellten, um ſich ſelbſtändig gegen
den Andrang der äußeren Feinde (Slawen, Ungarn, Normannen) zu
ſchützen, da erhob ſich in Sachſen und Thüringen zu dieſer Würde das
reichbegüterte Geſchlecht der Ludolfinger mit **Otto dem Erlauchten**,
Markgrafen der thüringiſchen Mark († 912). Deſſen kampferprobter
Sohn **Heinrich I.**, 919 zum deutſchen König erwählt, der erſte
in der Reihe der Könige des ſächſiſchen Hauſes (919—1024), ging
von der Verteidigung zum Angriff auf die Slawen über. Von
ſeinen neuen Burgen an der Oſtgrenze aus eröffnete er 928 mit dem
gegen die Ungarn neugebildeten Reiterheere den **Unterwerfungskrieg.**
Nach Beſiegung der Heveller an der Havel (Brennabor) erſtürmte er
die Hauptburg der Dalaminzier, Jana bei Lommatzſch, und drang
über das Erzgebirge bis Prag vor. Als Zwingburg im Sorbenlande
begründete er auf ſteilem Uferhügel an der Elbe die Burg **Meißen**
(Misni). Sein Sohn und Nachfolger **Otto I.**, der Große (936—973)
befeſtigte und erweiterte unter blutigen Kämpfen die errungene Herr=
ſchaft (Markgraf Gero). Zu ihrer Sicherung begründete er die **Nord=
mark** (in Brandenburg), die **Oſtmark** oder **Lauſitz** (von der Mün=
dung der Saale die Elbe entlang), im Gebiete der Sorben
die Marken von Zeitz (zwiſchen der oberen Saale und der Zwickauer
Mulde), **Merſeburg** (zwiſchen der mittleren Saale und der vereinigten
Mulde) und **Meißen** (bis zur Pulsnitz, die beiden ſlawiſchen Gaue
Dalaminci und Niſani, d. i. das Niederland, mit unbeſtimmter Grenze
nach dem Gebirge hin). In dieſen feſten Orten ſtiftete er zugleich die
drei gleichnamigen **Bistümer**, die er unter das Erzbistum **Magde=
burg** (968) ſtellte; nur Meißen war exim iert. So war der Grund
zur deutſchen Staats= und Kirchenordnung gelegt.

§ 5. Die **Mark** war erobertes Reichsgebiet, ſtand daher
unter dem militäriſchen Befehle des **Markgrafen**, der ſein
Amt unmittelbar im Namen des Königs führte und von ihm

mit Eigen- oder Lehnsbesitz ausgestattet war. Ein Netz von festen Plätzen, sog. Burgwarten, überzog das Land (s. die Karte). Sie lagen besonders an den größeren Flüssen, und zu ihrer Verteidigung wurden deutsche Lehnsleute angesiedelt. Von ihnen aus übten markgräfliche Vögte die Gerichts-, Polizei- und Militärgewalt. Alle diese Beamten und Vasallen, sowie die Bischöfe fanden sich regelmäßig zu den Landdingen ein, die für die Mark Meißen in Colmitz bei Oschatz, für die westlichen Marken, das Osterland (von Thüringen aus gerechnet), in Schkölen bei Naumburg abgehalten wurden. Das Eigentum am ganzen Grund und Boden und alle Einkünfte standen ursprünglich dem Reiche zu. Doch behielten die unterworfenen Slawen ihr eigentümliches Privatrecht und ihren Grundbesitz, von dem sie nur Leistungen nach deutscher Weise zu machen hatten. Sie zerfielen in 5 Klassen: die Supane, d. i. die Dorfvorsteher, die Witjasen (vitjaz Held), d. i. die zum Reiterdienst pflichtigen Lehnbauern, die in verschiedener Abstufung unfreien Smurden, Lazzen und Heyen. — Gleichzeitig breitete sich das Christentum, in slawischer Sprache gepredigt, aus. Die ersten Kirchen, schlichte Bauten aus Holz oder Feldsteinen, wurden in den Burgwarten errichtet, doch ging die Belehrung langsam. Noch 1028 mußte wegen Bedrohung durch heidnische Slawen der Sitz des Bistums Zeitz nach Naumburg verlegt werden.

§ 6. Zur Befestigung dieser Zustände trug die bald thatsächlich entwickelte Erblichkeit des Markgrafenamts wesentlich bei. Zuerst behaupteten es 985—1047 die Eckardinger von Großjena an der Unstrut. Der tapfre Eckard I. († 1002) hielt die deutsche Herrschaft aufrecht, auch als sie 983 im ganzen Nordosten zusammen- 983. gebrochen und dort die Elbe wieder die Grenze geworden war, und unterwarf die Milzener in der heutigen Oberlausitz. Nach seiner Ermordung mußte König Heinrich II. (1002—1024) in drei blutigen Kriegen mit dem hochstrebenden Polenherzog **Boleslaw Chrabry** um den Besitz der Marken ringen (1004 Eroberung von Bautzen, 1015 Bestürmung der Burg Meißen durch die Polen), bis der Friede von Bautzen 1018 die Lausitzer Mark dem Boleslaw als Reichslehen überließ. Erst **Konrad** II. (1024—1039) zwang die Polen 1031 1031. zum Verzicht. Bis 1067 besaßen die Grafen von Weimar-Orlamünde die Markgrafschaft; dann übertrug sie Kaiser **Heinrich** IV. (1056—1105) an **Eckbert** I. von Braunschweig. Als sich dessen Sohn Eckbert II. im Kampfe des Königs mit den Sachsen wiederholt treulos erwies, ächtete ihn der König und sprach ihm (wahrscheinlich 1089) die Mark ab.

2. Die ersten Markgrafen aus dem Hause Wettin. Konrad I.
1089—1156.

§ 7. Das Erbe traten die Wettiner an. Dies Geschlecht, das sich nach dem hohen Felsenschlosse Wettin an der Saale erst

etwa seit 1100 nannte, stammte aus dem alten Schwaben=(Sueben=)
gau zwischen dem Harz und der untern Saale, war also schwäbischer
Abkunft wie die Hohenzollern. Als die ersten des Geschlechts werden
Dedi († 957) und **Dietrich**, der 982 bei Cotrone in Calabrien
fiel, genannt. Mit den Fortschritten der deutschen Herrschaft nach
Osten dehnten auch die Wettiner ihre Besitzungen über die Saale
aus, erwarben namentlich Zörbig und Eilenburg. Dann verwaltete
Dietrich 1031—34, sein Sohn **Dedo** 1047—74 die (Nieder=)Lausitz,
während dessen jüngere Brüder Thiemo und Gero Brehna besaßen
und sich darnach Grafen von Brehna nannten. Die alten Erbgüter
1074. des Hauses gingen dagegen verloren, als Dedo 1074 von Heinrich IV.
seines Amtes entsetzt wurde. Doch erhielt Dedos Sohn aus seiner
(zweiten) Ehe mit der leidenschaftlichen Adela, **Heinrich I. von**
1086. **Eilenburg**, der Schwiegersohn Eckberts I., 1086 die Lausitz zurück
und empfing dazu, wahrscheinlich 1089, die Mark Meißen, was er
dem König durch treue Anhänglichkeit vergalt. Nach seinem Tode
1103 sicherte nur die rücksichtslose Thatkraft seiner Witwe Gertrud
von Braunschweig seinem Sohne **Heinrich II.** das Erbe gegen die
Begehrlichkeit der Verwandten aus dem Hause Brehna. Als er
1123. 1123 starb, bemächtigte sich **Konrad** der Mark Meißen gegen
den Willen Kaiser Heinrichs V., aber mit Zustimmung der Edlen
und mit Unterstützung des Herzogs Lothar von Sachsen (König
1125).* Die Schwächung der Königsmacht durch den Kampf
mit dem Papsttum (Konkordat von Worms 1122) förderte dann
überall die Erblichkeit und die Selbständigkeit der Reichs=
fürsten.

§ 8. **Konrad** (1123—1156) erhielt zur Mark Meißen noch
die (Nieder=)Lausitz 1136 und das Milzenerland (Budissin) 1144,
das eine Zeit lang Wladislaw von Böhmen zu Lehen getragen hatte.
Ferner erwarb er die Güter der mächtigen Herren von Groitzsch
(Wieprecht von Groitzsch † 1124), sowie Zwickau und aus dem
Erbe der Eckardinger Rochlitz. Bereits früher waren die Marken
von Zeitz und Merseburg mit Meißen thatsächlich verschmolzen;
doch standen hier die meisten Teile, etwa das Gebiet zwischen Mulde
und Saale, nur unter der Amtsgewalt des Markgrafen und bildeten
Lehngüter großer unmittelbarer Reichsvasallen, oder sie wurden als
Reichsdomänen von kaiserlichen Vögten verwaltet, wie das Pleißner=
land um Altenburg und Chemnitz, und das spätere Vogtland. —
An den Reichsangelegenheiten nahm Konrad rühmlichen Anteil.
Er begleitete Lothar auf seinem zweiten glänzenden Römerzuge 1136/7,
dessen Nachfolger Konrad III. 1146 auf einem Feldzuge gegen die
Polen und beteiligte sich 1147 an dem großen Kreuzzuge der säch=
sischen Fürsten gegen die Wenden in Mecklenburg und Brandenburg.

---

* Ein Reichslehen erbte in der Regel nur im direkten Mannes=
stamme weiter, nicht auf die Nebenlinien.

Nachdem er 1152 noch dem jugendlichen Hohenstaufen **Friedrich** I.
Barbarossa (1152—90) in Merseburg gehuldigt hatte, trat er 1156 in das von ihm gestiftete Kloster auf dem Petersberge bei Halle ein und verfügte über seine Lande ohne Zustimmung des Kaisers wie über ein **erbliches Fürstentum**, indem er sie nach dem Brauche der Zeit wie einen Privatsitz unter seine Söhne verteilte. Sein ältester Sohn Otto der Reiche erhielt die Mark Meißen, Dietrich Eilenburg und die Lausitz, Dedo Groitzsch und Rochlitz, Heinrich Wettin, Friedrich Brehna. Dagegen verlieh Friedrich Barbarossa 1158 das Land Budissin an Böhmen, bei dem es nun bis gegen 1256 verblieb. Konrad starb als Mönch auf dem Petersberge 5. Februar 1157, wo er auch beigesetzt wurde.

3. Die Machthöhe des Hauses Wettin. Otto der Reiche. Heinrich der Erlauchte.
1156—1288.

§ 9. Die Teilung, die erste dieser Art im Wettinischen Hause, schädigte indes zunächst weder die innere Entwickelung noch die äußere Machtstellung des Geschlechts, weil die Brüder zusammenhielten. In dem Streite zwischen Friedrich Barbarossa und dem Welfen Heinrich dem Löwen standen sie meist zum Kaiser und begleiteten ihn auch auf dem entscheidenden Feldzuge nach Sachsen 1181. Im Innern gab **Otto der Reiche** 1156—1190 durch die Eröffnung des Silberbergbaues im Erzgebirge (Gründung Freibergs um 1180, s. § 15 b) und die Gewährung einer selbständigen Stadtverfassung für Leipzig einen mächtigen Anstoß zum wirtschaftlichen Aufschwunge des Landes; dazu erwarb er Weißenfels durch Kauf und gründete das Cistercienserkloster **Alt = Zella** bei Nossen (1162—75). Da er aber gegen den Brauch seinem jüngeren Sohne Dietrich das Hauptland Meißen, dem älteren Albrecht nur Weißenfels zuwenden wollte, so empörte sich dieser gegen den Vater und setzte ihn auf Schloß Döben bei Grimma gefangen. Schließlich entschied der Kaiser den Streit zu gunsten Albrechts.

§ 10. Trotzdem lebte **Albrecht der Stolze** (1190—95) in fortwährendem Zwist mit seinem Bruder, wurde zuletzt bei Aüstädt völlig geschlagen und starb plötzlich auf dem Wege von Freiberg nach Meißen, ohne Söhne zu hinterlassen. Daher zog Kaiser **Heinrich** VI. (1190—97), der den Wettinern niemals günstig gewesen war, Meißen als erledigtes Reichslehen ein, und erst nach dem jähen Tode des hochstrebenden Herrschers gelangte Albrechts Bruder **Dietrich der Bedrängte** (1197—1221) in den Besitz Meißens. In dem nun folgenden Thronstreit zwischen dem Hohenstaufen **Philipp** von Schwaben und dem Welfen Otto IV. hielt er treu zu Philipp (Fehden mit Böhmen und Thüringen) und erkannte nach Ottos IV. Niederlage bei Bouvines 1214 **Friedrich** II. an (1215—1250).

Während er so in den Wirren der Zeit seinen Besitz zu sichern wußte, vergrößerte er ihn zugleich durch den Rückfall von Eilenburg und der Lausitz nach dem Aussterben der seit 1185 dort 1210. regierenden Rochlitzer Linie 1210, und brach den Trotz der Bürger-1217. schaft von Leipzig, indem er 1217 mit Hilfe des Kaisers die Stadt überrumpelte und drei Zwingburgen anlegen ließ (darunter die Pleißenburg).

§ 11. Für seinen erst dreijährigen Sohn Heinrich den Erlauchten (1221—1288) führten anfangs die Mutter Jutta und der Oheim Ludwig IV. von Thüringen die Regierung. Erst nach der Hochzeit mit Konstantia von Österreich, der Tochter Leopolds VII., in Stablau bei Wien 1234, trat Heinrich, nachdem er 1236 noch eine Kreuzfahrt nach Preußen mit dem Deutschen Ritterorden unternommen hatte, die Regierung an. In dem letzten Entscheidungskampfe zwischen Friedrich II. und dem Papsttume seit 1239 stand er dann fest zum Kaiser. Dieser belohnte die Treue durch die Verlobung seiner Tochter Margareta mit Heinrichs Sohne Albrecht dem Entarteten (Unartigen) und durch die Verpfändung des Pleißner-1243. landes 1243. Außerdem trat ihm König Wenzel von Böhmen 1251 Sayda und Purschenstein im Erzgebirge ab, um Heinrichs Widerspruch gegen seine Bewerbung um Österreich nach dem Falle Friedrichs des Streitbaren (1246) zu beseitigen. Bei weitem die wichtigste Erwerbung war jedoch die Landgrafschaft Thüringen.

§ 12. In Thüringen war die alte Grafengewalt im Hause der Winzenburger erblich und so selbständig geworden, daß der letzte des Hauses, Hermann II., als Landgraf bezeichnet wurde (1129).

Der Landgraf regierte Thüringen mit herzoglicher Gewalt, bot demnach die Vasallen auf, hatte Zoll- und Münzrecht, übte auf dem großen Landding von Mittelhausen bei Erfurt die oberste Gerichtsbarkeit nach sächsischem Recht und erstreckte seine Amtsgewalt (nicht seine Lehnshoheit) auch über die vom Reiche belehnten Grafen von Hohenstein, Mansfeld, Gleichen, Käfernburg (Schwarzburg), Arnshaugk, Weimar-Orlamünde u. a. m. Das ihm zu Lehnrecht oder als Erbgut (Allod) gehörige Gebiet bildete nur einen langen schmalen Streifen zwischen Fulda und Saale, und der alte Mittelpunkt des Landes, Erfurt, war Besitz des Erzbistums Mainz.

1130. Nach seinem Tode ging 1130 die Landgrafschaft auf die fränkischen Ludwiginger über, deren Ahnherr Ludwig der Bärtige zuerst um Eisenach und an der untern Unstrut ansehnliche Güter erworben hatte (1056). Sein Sohn Ludwig der Salier (Springer) († 1123) befestigte diesen Besitz durch die Erbauung der Wartburg und der Neuenburg über Freyburg an der Unstrut, stiftete 1086 das Benediktinerkloster Reinhardsbrunn (seitdem Erbbegräbnis seines Geschlechts) und beteiligte sich eifrig an den Kämpfen der Sachsen gegen Heinrich IV. (Haft auf dem Giebichenstein). Der dritte des Hauses, seit 1130 als Landgraf Ludwig I. genannt († 1140), er-1137. warb 1137 durch die Vermählung mit der Tochter Giso, des Landgrafen von Hessen, auch dies Gebiet. Ludwig II. der Eiserne

(† 1172) brach mit harter Fauſt den Trotz ſeiner Vaſallen (der Schmied von Ruhla, der Edelacker bei Freyburg) und war ein treuer Anhänger Friedrich Barbaroſſas, dem ſein Sohn **Ludwig III.** in den 3. Kreuzzug folgte († auf Cypern 1190). **Hermann I.** († 1216) zeigte ſich im Thronſtreite zwiſchen Welfen und Hohenſtaufen wankelmütig und treulos, erwarb aber nach dem Ausſterben der Grafen von Goſeck die ſächſiſche Pfalzgrafſchaft (um Allſtädt) und machte die Wartburg zu einem Mittelpunkte deutſcher Dichtung (Walther von der Vogelweide; der „Sängerkrieg" 1207). **Ludwig IV.** der Heilige, der Gemahl der heiligen Eliſabeth (von Ungarn), bewährte ſich als tapferer Kriegsmann gegen Dänen und Polen und verſchied auf dem 5. Kreuzzuge in Otranto 1227. Als ſein Sohn **Hermann II.** kaum 18 Jahre alt 1241 geſtorben war, riß deſſen Oheim **Heinrich Raspe** (Gegenkönig Friedrichs II.) die Landgrafſchaft an ſich. Mit ſeinem Tode 1247 aber ſtarb der Mannesſtamm des Hauſes aus. 1247.

§ 13. Anſprüche auf das Erbe erhoben **Sophia von Brabant,** Tochter Ludwigs IV. von Thüringen, für ihren Sohn **Heinrich das Kind,** und **Heinrich der Erlauchte** als Enkel Hermanns I. durch ſeine Mutter Jutta. Zunächſt ergriff nach friedlicher Verſtändigung Sophia 1247 von Heſſen, Heinrich 1249 von Thüringen Beſitz. Allein während des Interregnums im Reiche (1254—1273) begann Sophia, von einer Partei in Thüringen und ihrem Schwiegerſohn Albrecht von Braunſchweig unterſtützt, den **thüringiſchen Erbfolgekrieg (1256—64).** Nach langem Kampfe bemächtigte ſich 1256 Heinrich 1261 Eiſenachs und der Wartburg, und endlich erfochten bis ſeine Söhne Albrecht und Dietrich mit dem Erbſchenken Rudolf von 1264. Vargula über Herzog **Albrecht bei Wettin 29. Oktober 1263** einen 1263. vollſtändigen Sieg. Im Frieden von 1264 verzichtete Sophia auf Thüringen und die Pfalz Sachſen. So erſtreckten ſich die Wettiniſchen Lande von der Werra bis an die mittlere Oder (ſ. die Nebenkarte).

§ 14. Die Gelegenheit jedoch, die Wirren des Interregnums zur Bildung einer dauernden ſtarken Macht zu benutzen, verſäumte Heinrich. Schon 1265 überließ er ſeinem älteren Sohne **Albrecht** Thüringen und die Pfalz Sachſen mit dem Pleißnerlande, dem jüngeren **Dietrich** einen Teil des Oſterlandes (mit Landsberg als Hauptſitz, daher **Dietrich Markgraf von Landsberg**). Dazu kamen Familienzerwürfniſſe. Auf Anſtiften der päpſtlichen Partei verſtieß Albrecht ſeine hohenſtaufiſche Gemahlin Margareta, die von der Wartburg 1270 flüchtete. Später verwickelte er ſich in Fehden mit ihren beiden Söhnen Friedrich dem „Freidigen" und Diezmann. Die Aufforderung der italieniſchen Ghibellinen, das Erbe der Hohenſtaufen in Neapel anzutreten, wieſen beide in nüchterner Überlegung zurück. Mitten in dieſen Wirren ſtarb Heinrich der Erlauchte 1288 1288. in Dresden.

Kultur- und Staatsleben.

§ 15. a) Die Grundlage für die höhere Kultur in den Ländern östlich der Saale wurde erst durch die **Germanisierung** geschaffen. Die ersten deutschen Ansiedlungen waren die Burgen (s. § 5), die Kirchen und die anfangs spärlichen Klöster. Erst als der Grund und Boden durch Schenkung oder Verleihung von seiten des Reichs oder der Markgrafen mehr und mehr an Bistümer, Klöster und Vasallen überging, begannen diese planmäßig **deutsche Bauern** aus Thüringen und Franken, Sachsen und Flandern anzusiedeln. Sie traten in geschlossenen Gruppen unter Führung eines Unternehmers (locator) auf und erhielten vom Grundherrn kraft eines Vertrages entweder einen Teil einer altwendischen Dorfflur, wo sie dann ein deutsches Dorf mit wendischem Namen anlegten (Deutsch-Luppa neben Wendisch-Luppa), oder sie erbauten ein solches deutschen Namens auf urbar gemachtem Wald- oder Sumpfboden. In beiden Fällen wurden die Bauernhöfe in langer, unregelmäßiger Doppelreihe frei nebeneinander gesetzt und das Ackerland nach fränkischen oder flämischen Hufen (langen, schmalen, von den Höfen aus nach der Flurgrenze parallel laufenden Streifen) aufgeteilt.* Die Bauern besaßen ihre Hufen gegen niedrigen Erbzins an den Grundherrn als freie Leute. Die niedere Gerichtsbarkeit und die Polizei übte ein Erbschulze, auf dessen Gut (Erblehngericht) zugleich die Schank- und Schlachtgerechtigkeit ruhte (daher der slawische Name Kretscham, Wirtshaus). Erst seit etwa 1200 entstanden auch **deutsche Städte** meist neben einem wendischen Dorfe, dessen Name dann auf die Stadt überging, in übereinstimmender, regelmäßiger Anlage (großer viereckiger Markt mit dem Rathause, daneben die Hauptkirche mit dem Friedhofe, rechtwinklig sich kreuzende Gassen, das Ganze von einer Mauer im Eirund eingeschlossen).

b) Der Gang der Besiedlung folgte zunächst den großen alten Straßen, der „hohen Straße" von der Saale über Leipzig und die Elbe nach Polen, der Straße von Franken am Erzgebirge hin nach der Elbe, und der „Reichsstraße" von Franken nach Leipzig. Zuerst wurde das von Slawen dünn besetzte Flachland besiedelt; in das waldbedeckte, unbewohnte Gebirge drangen die deutschen Ansiedler erst seit der Mitte des 12. Jhrhdts. vor, besonders gelockt durch die Entdeckung seines Silberreichtums. So erwuchs im Niederlande eine gemischte deutsch-slawische, im Gebirge eine rein deutsche Bevölkerung. Im Westen entstand sehr früh an der Kreuzung zweier Straßen eine deutsche Ortschaft neben dem wendischen Fischerdorfe Lipzk (Leipzig). In der Nähe siedelte um 1100 Wiprecht von Groitzsch neben seinem Benediktinerkloster Pegau flämische Kolo-

---

* Eine Hufe umfaßte etwa 30 Morgen, und die Dorfflur enthielt gewöhnlich 30—40 Hufen (Bauerngüter). Ein Morgen = 0,25 ha.

nisten an, wie später das Bistum Meißen um Eilenburg und Wurzen. Weiter südlich treten bereits um 1100 Altenkirchen bei der Königspfalz, Altenburg, Reichenbach, Plauen und Elsterberg als Pfarrorte für ausgedehnte Kirchspiele hervor. Die Germanisierung des Vogtlandes vollendete dann im 13. Jhrbt. der Deutsche Orden. Im Erzgebirge wird Zwickau zuerst 1118 genannt; Chemnitz entstand im Anschluß an das von Kaiser Lothar († 1137) gestiftete Benediktinerkloster; Freiberg wurde unter Otto dem Reichen um 1180 von sächsischen Bergleuten aus Goslar (daher die „Sächsstadt") begründet. In den Muldenthälern schloß sich die Besiedelung besonders an die Klöster (Alt=Zella, Buch, Nimbschen, Geringswalde, Zschillen bei Wechselburg) an. Im Elbgebiet war Großenhain an der „hohen Straße" um 1234 ein bedeutender Markt; Dresden erwuchs noch vor 1215 als deutsche Stadt neben einem wendischen Dorfe (Drjazdjanje, b. i. die Riebbewohner) in Anlehnung an ein markgräfliches Schloß und die Elbbrücke, weiter aufwärts Pirna bei einer böhmischen Zollstätte. Das obere Erzgebirge und das zerklüftete Elbsandsteingebirge wurden erst im 13. Jhrbt. teilweise urbar gemacht, indem deutsche Adelsgeschlechter ihre Burgen mitten in den Urwald bauten und deutsche Kolonisten beriefen (s. die Karte).

c) Auch das Milzenerland (Budissin) wurde im 13. Jhrbt. unter böhmischer (1156—1258) und brandenburgischer Herrschaft (1258 bis 1319) von der deutschen Besiedlung erreicht. Die größeren deutschen Städte entstanden längs der „hohen Straße": Kamenz, Bautzen, Löbau, Görlitz, Lauban. Die deutschen Bauern drangen entweder von Königsbrück aus nordostwärts ins Gebiet der schwarzen Elster vor oder vom bischöflich meißnischen Bischofswerba in die Gebirgswaldungen an der Südgrenze und besiedelten auch weiter im Osten das Land zwischen Löbau und Görlitz, sowie den fast menschenleeren waldbebeckten böhmischen Gau Zagost (spr. Sagost) am Nordfuße des Lausitzer Gebirges (das Land „hinterm Wald", von Süden gesehen; Reichenberg, Friedland, Zittau). Die ebene Mitte des Landes um Bautzen blieb wendisch, ebenso der größte Teil der (Nieder=) Lausitz, wo nur einzelne Klöster und Stadtgemeinden als deutsche Kolonien entstanden (Dobrilugk 1165, Neuzelle 1268, Guben 1268 u. a. m.). — Selbst die slawische Bevölkerung des meißnischen Niederlandes wurde erst im 15. Jhrbt. völlig germanisiert. (Verbot der wendischen Sprache vor Gericht im Anhaltischen 1298, in Leipzig, Altenburg und Zwickau 1327, im Meißnischen 1424).

d) Mit der dichteren Besiedlung verband sich der wirtschaftliche Aufschwung. Weitaus der wichtigste Erwerbszweig war die Landwirtschaft, die schon im 12. Jhrbt. um Meißen zum Weinbau überging; daneben stand im Erzgebirge der Silberbergbau, und in den Städten entwickelte sich eine blühende Tuchweberei, die meist von flämischen Handwerkern eingeführt wurde. Die bedeutendsten Städte waren Freiberg wegen seines Bergbaus und als Handels=

platz Leipzig, dessen Oster= und Michaelismesse schon 1190 bestätigt wurden. Dresden stand trotz seiner Elbbrücke noch weit zurück.

§ 16. **Das geistige Leben** wurde fast ausschließlich noch von der Kirche beherrscht. Neben den drei mit Grundbesitz reich ausgestatteten Bistümern standen mehrere Kollegiatkirchen (Wurzen, Bautzen u. a.) und zahlreiche Klöster (s. § 15), besonders seitdem mit dem Anfange des 13. Jhrdts. neben den ländlichen Niederlassungen der Benediktiner und Cistercienser in fast allen bedeutenderen Städten Klöster der volkstümlichen Bettelorden, der Dominikaner (Predigermönche) und Franciskaner (Barfüßer) entstanden. An die Stiftskirchen und Klöster schlossen sich oft Schulen, meist freilich nur für künftige Geistliche (St. Afra in Meißen, die Schule der Augustiner= Chorherren zu St. Thomä in Leipzig). Stattliche kunstschöne Kirchen= bauten in romanischem Stile erhoben sich z. B. auf dem Peters= berge, in Zschillen (Wechselburg), Freiberg (die „goldene Pforte"). Die Burgen der Fürsten und Edlen blieben dagegen meist noch schmucklose befestigte Landsitze. — Die ritterliche Dichtung fand im Meißnerlande nur einen schwachen Wiederhall, z. B. in Heinrichs des Erlauchten Minneliedern. Dagegen entwickelte sich das ritter= liche Leben hier ebenso glänzend wie anderwärts (Turnier Heinrichs des Erlauchten in Nordhausen um 1265).

§ 17. **Staatliches Leben. a)** Die erblich gewordene Amts= gewalt der Reichsfürsten bildete sich seit den „Constitutionen" Kaiser Friedrichs II. mehr und mehr zur selbständigen Landeshoheit aus (zuerst 1231 die Fürsten „Landesherren", domini terrae) und übernahm daher immer mehr die staatlichen Aufgaben der zerfallenden Reichsgewalt. Auch die Macht des Markgrafen von Meißen war höher gestiegen. Er besaß jetzt außer seiner alten richterlichen und militärischen Amtsgewalt das Bergbau= und Münzrecht, übte die Schirmvogtei über die Bistümer wie über viele Klöster und bemühte sich, die unmittelbaren Reichsvasallen seines Bereichs (die Burggrafen von Meißen, Leisnig, Altenburg, Dohna, die Herren von Crimmitschau, Colditz u. a. m.) unter seine Lehnshoheit zu bringen. Seine Ein= künfte bezog der Landesherr teils aus seinen Lehns= und Eigen= gütern (Kammergütern, Domänen) als größter Grundherr des Landes, teils aus seinen Hoheitsrechten. Da diese Einnahmen überwiegend aus Naturalien bestanden, so hatte er noch keine feste Residenz, sondern hielt sich abwechselnd auf seinen verschiedenen Schlössern auf (Meißen, Tharandt, Dresden u. a. m.). Seine Umgebung bildeten Ritter und Ministerialen, die abwechselnd die Hofämter des Marschalls, Schenken, Truchseßen und Kämmerers versahen, als seine Räte („Heimliche", secretarii) ihn in Geschäften unterstützten und als Schöffen das „Hofgericht" über die Vasallen bildeten.

b) Anderseits gewannen die geistlichen Stifter selbst die wichtig= sten Hoheitsrechte für ihre Besitzungen und wurden dadurch zu „Immuni=

täten" (f. b. Karte); die größeren Städte errangen zwar nicht wie anders
wärts die Reichsunmittelbarkeit, aber eine ausgedehnte Selbst=
verwaltung. Neben den markgräflichen Vogt, der mit 12 oder
24 Schöffen („Geschworenen", consules) aus der Bürgerschaft die
Gerichtsbarkeit über diese übte, trat ein Bürgermeister, und das alte
Schöffenkollegium wurde zum Stadtrate, oder es entstand ein solcher
neben jenem und verschmolz dann mit ihm. Dieser Rat, alljährlich
aus den grundbesitzenden Kaufleuten (Patriziern, Geschlechtern) neu=
gewählt, führte die Verwaltung der Stadt und übte die städtische Ge=
setzgebung. Die Handwerker bildeten Zünfte (Innungen), denen
der Rat die „Meister" (Vorsteher) setzte, waren aber vom Rate aus=
geschlossen. Die allgemeinen Landdinge in Colmitz und Schkölen
(f. § 5) hörten seit Heinrich dem Erlauchten allmählich auf.

4. Gefährdung und Wiederherstellung des Wettinischen Besitzes. Friedrich der Freidige.
1288—1423.

§ 18. Bald nach Heinrichs Tode gingen die alten Stamm=
güter des Hauses Wettin und Brehna verloren. Jenes trat
Graf Otto III. von Wettin 1288 an das Erzbistum Magdeburg ab,
dieses verlieh 1290 **König Rudolf I.** an Herzog Albrecht II. von
Sachsen=Wittenberg. Selbst die Kernlande drohten sich zu zer=
splittern oder verloren zu gehen. Die Lausitz fiel an Heinrichs Enkel,
Friedrich Tutta (Sohn Dietrichs von Landsberg, † 1284). Die
Mark Meißen wurde zwischen diesem und **Friedrich dem Kleinen**,
einem Sohne Heinrichs aus dritter Ehe, geteilt. Das Pleißnerland
nahm **König Rudolf** 1290 an das Reich zurück. Sein Nachfolger
Adolf von Nassau (1290—98) zog schließlich nach Friedrich Tuttas
Tode 1291 auch Meißen und die Lausitz als erledigte Reichslehen 1291.
ein (f. Anm. zu § 7), obwohl Diezmann und Friedrich der Freidige
(d. i. der Kühne) Ansprüche erhoben und die Lande zu behaupten
suchten. Aber noch höher stieg die Not des Hauses. Denn **Albrecht**
der Entartete veräußerte 1291 die Mark Landsberg an Branden=
burg, 1293 Thüringen und seine Ansprüche auf Meißen an König Adolf
(Albrecht † 1314 in Erfurt). Dieser nahm darauf beide Länder in
Besitz und eroberte 1296 auch das tapfer verteidigte Freiberg, wo 1296.
er 60 Bürger als Friedensbrecher enthaupten ließ. Markgraf Fried=
rich übergab darauf, um die übrigen zu retten, auch Meißen und
ging landflüchtig nach Kärnten zu den Verwandten seiner (1.) Ge=
mahlin Agnes. Endlich verkaufte Diezmann auch seine Ansprüche
auf die Lausitz (1303) an Brandenburg. Die Macht des Hauses 1303.
Wettin war aufgelöst.

§ 19. Auch Adolfs siegreicher Nachfolger, der Habsburger
Albrecht I. von Österreich (1298—1308), hielt die eingezogenen Lande

der Wettiner fest. Doch gelang es Friedrich dem Freidigen, sich 1306 der Wartburg zu bemächtigen und sie gegen die belagernden Eisenacher zu halten (sein Ritt zur Taufe seiner Tochter nach Reinhardsbrunn). Als Albrecht die Wettinchen Brüder in die Acht erklärte und ein Heer gegen sie sandte, da erfocht **Friedrich**, unterstützt
1307. von den tapfern Bürgern Leipzigs, 31. Mai 1307 bei Lucka unweit Altenburg einen glänzenden Sieg und wurde nach Diezmanns jähem Tode 1307 der alleinige Herr von Meißen und Thüringen. Nach Albrechts I. Ermordung 1308 erteilte ihm Kaiser **Heinrich** VII. (1308–13) die Belehnung 1310 und überließ ihm auf zehn Jahre auch das Pleißnerland. So wurde **Friedrich I. der Freidige** der Wiederhersteller der Wettinischen Macht. Allerdings blieben seine Kämpfe mit Brandenburg um die Mark Landsberg und die Lausitz vergeblich. Vor Großenhain gefangen genommen, mußte er
1312. im Vertrage von Tangermünde 1312 Verzicht leisten. Nur einen geringen Ersatz bot ihm die Aussicht auf Erwerbung von Ziegenrück, Triptis, Auma und Neustadt a. Orla aus dem Erbe seiner 2. Gemahlin Elisabeth von Arnshaugk 1302. — Tieferschüttert durch ein geistliches Spiel auf dem Markte von Eisenach Ostern 1322 wurde Friedrich vom Schlage getroffen und verschied 1324 nach langem Siechtume.

§ 20. Sein Sohn **Friedrich II. der Ernsthafte** (1324—49), geb. 1310, anfangs unter der Vormundschaft seiner Mutter, setzte das Werk des Vaters besonders in Thüringen fort, indem er sich dabei auf den neugewählten Kaiser **Ludwig den Bayern** (1314—47) stützte, mit dessen Tochter Mathilde er sich vermählte. Er erhielt die Schirmvogtei über die thüringischen Reichsstädte Mühlhausen und Nord-
1343 hausen, zwang in der „Grafenfehde" (1343—45) den trotzigen
bis Adel Thüringens zum Gehorsam, erwarb dabei den größten Teil der
1345. Grafschaft Orlamünde, was nach dem Aussterben der Hauptlinie des Grafenhauses 1373 auch den Anfall von Weimar zur Folge hatte, und bereitete die Erwerbung der fränkischen Grafschaft Henneberg am Südfuße des Thüringer Waldes vor, indem er seinen Sohn Friedrich (den Strengen) 1343 mit Katharina, der Tochter
1347. des Grafen Heinrich XII., vermählte. Andererseits kaufte er 1347 Landsberg zurück. Die ihm 1347 von der Wittelsbachischen Partei angebotene Kaiserkrone lehnte er dagegen ab. Mitten in den Greueln der Pest und der Judenverfolgungen starb er 1349.

§ 21. Seine drei Söhne **Friedrich III. der Strenge**, geb. 1331 (1349—1381), Balthasar und Wilhelm I. regierten zunächst gemeinschaftlich und machten den Anfang zur Erwerbung des Vogtlandes.* Mit Kaiser Karl IV., dem König von Böhmen (1347

---

* Die kaiserlichen Vogteien (Reichsgüter) an der oberen Elster waren seit Heinrich dem Frommen († um 1120) erblich im Hause Gleißberg. Dessen Enkel Heinrich der Reiche († 1193) vereinigte die Vogteien Weida, Gera,

bis 1378), verbündet und das Raubrittertum in diesen Gebieten zum
willkommenen Vorwand nehmend, zwangen sie die Vögte zur Ab=
tretung des südlichen Teiles (Vogtsberg, Ölsnitz, Mühltroff, Adorf)
und zur Unterwerfung unter meißnische Lehnshoheit, während andere
Teile (Plauen, Treuen, Lobenstein) unter böhmische Hoheit traten.
Außerdem kamen Hildburghausen und Gotha als Mitgift der
Gemahlin Balthasars, Margareta, Tochter des hohenzollerschen Burg=
grafen Albrecht von Nürnberg, 1374 an die Wettiner. Noch weitere
Aussichten eröffnete die Erbverbrüderung mit Hessen 1373. 1373
Dagegen unterwarf Karl IV., dessen Macht seit der Erwerbung von
Budissin (1319), Görlitz (1346), ganz Schlesiens (1353), der Lausitz
(1367) und der Mark Brandenburg (1373) die Wettinischen Lande
von drei Seiten umspannte, eine ganze Reihe meißnischer Herrschaften
der böhmischen Lehnshoheit. Doch zerfiel mit seinem Tode 1378 der
luxemburgische Besitz.

§ 22. Die Teilung zwischen den drei Brüdern 1379 und die
abermalige Teilung zwischen den drei Söhnen Friedrichs des Strengen
1382 zersplitterten wiederum das Gebiet. Vor allem wurde Thü= 1382.
ringen unter **Balthasar** († 1406) und seinem Sohne **Friedrich
dem Friedfertigen** († 1440) auf lange Zeit von Meißen ge=
trennt (1381—1440). Aber rüstig arbeitete der jüngste Bruder
Wilhelm I. (1379—1407), dem Meißen und das Vogtland
zugefallen waren, daran, die noch halb unabhängigen Herrschaften
innerhalb seines Machtbereichs sich zu unterwerfen. So eroberte er
1401 den reichen Besitz der Burggrafen von Dohna,* erwarb 1401.
das böhmische Pirna als Pfand und erkaufte Colditz.

§ 23. In gleicher Weise wirkte Friedrichs III. ältester Sohn,
Friedrich IV. der Streitbare, geb. 1370 (1381—1428), der nach
Wilhelms I. kinderlosem Tode Meißen mit dem vom Vater er=
erbten Osterlande vereinigte. Er vermehrte dieses Erbe durch den
Ankauf mehrerer Herrschaften im östlichen Thüringen (Saalfeld,
Kahla, Roda), Franken (Königsberg) und im Vogtlande (Weida).
Außerdem beteiligte er sich eifrig an den Reichsangelegenheiten.
Im großen Städtekriege 1388 stand er mit gegen die Städte,
1391 unternahm er einen Zug nach Preußen, 1417 erschien er auf
dem Konzil von Constanz; später wurde er in den Hussitenkrieg
(1419—1434; Hus in Constanz als Ketzer verbrannt 1415) ver=
flochten. Schon 1420 focht er am Zisfaberge gegen die Husiten,

---

Greiz, Plauen und Hof in einer Hand, teilte aber den ansehnlichen Besitz
unter seine drei Söhne und verursachte dadurch die dauernde Zersplitterung
des Vogtlandes. Im 13. Jhrdt. ging der Beiname der „Reuße" (Russe), den
ein Heinrich von Plauen wegen seines langen Aufenthalts in Rußland führte,
auf das ganze Haus über.

* Den Burggrafen gehörte außer Dohna noch Weesenstein, Rabenau,
Königstein, Königsbrück, Oftritz, Auerbach und a. m. teils als böhmische,
teils als meißnische Lehen.

entsetzte 1421 das von diesen hart bedrohte Brüx und eroberte den Leitmeritzer Kreis. Diese Beihilfe sollte für sein Haus und Land entscheidend sein.

5. Die Erwerbung der sächsischen Kur und der Abschluß der Gebietserweiterungen. Friedrich der Streitbare. Friedrich der Sanftmütige.
1423—1485.

§ 24. Zur Belohnung für den geleisteten Beistand übertrug Kaiser Sigismund (1410—37) dem Markgrafen Friedrich das erledigte Kurfürstentum Sachsen-Wittenberg 6. Januar 1423 und vollzog in Ofen 1. August 1425 die feierliche Belehnung mit dem Kurschwert. — Der Name Sachsen war nach der Zersplitterung des alten Stammesherzogtums seit 1187 in seiner niederdeutschen Heimat fast verschollen und auf zwei kleine eroberte Gebiete im Osten der Elbe übergegangen, die den Askaniern (Anhaltinern) gehörten, 1260. Sachsen-Lauenburg und Sachsen-Wittenberg. Durch die Teilung 1260 bildeten diese zwei selbständige Linien. Die Herzöge von Sachsen-Wittenberg erwarben 1269 die Burggrafschaft Magdeburg, 1290 die altwettinische Grafschaft Brehna (s. § 18), und erhielten 1356 durch die „goldne Bulle" Karls IV. die Kurwürde, womit die Unteilbarkeit des Kurlandes und die Befreiung vom Königsgericht (privilegium de non appellando) verbunden war. Mit Albrecht III. starb 1422 das Haus Sachsen-Wittenberg aus. — Seit der Vereinigung Kursachsens mit Meißen ging der Name Sachsen auf die überwiegend thüringisch-fränkische Bevölkerung der Wettinischen Lande über, und das kursächsische Wappen (fünf schwarze Querbalken im goldnen Felde mit der grünen Raute schräg darüber, dazu die roten Schwerter des Reichsmarschallamtes im schwarzweißen Felde) verdrängte die alten wettinischen Hausfarben (die blauen Pfähle im goldnen Felde). Vor allem aber traten die Wettiner jetzt in den höchsten Adel des Reiches, unter die Kurfürsten ein und übernahmen in dieser Eigenschaft bei Erledigung der Kaiserkrone das Reichsvikariat in den Ländern sächsischen Rechts (Norddeutschland).

§ 25. Wider die Hussiten schloß Kurfürst Friedrich mit Kaiser Sigismund gegen Verpfändung von Brüx und Aussig ein neues Bündnis. Aber bei dem Versuche, das belagerte Aussig zu entsetzen, erlitt das meißnische Heer, das Friedrichs tapfre Gemahlin, Katharina von Braunschweig, bei Freiberg gesammelt hatte, 1426. 16. August 1426 eine vernichtende Niederlage. Seitdem begannen die fanatischen Hussiten die Nachbarlande zu überfluten und schlugen 1427 ein Reichsheer bei Mies. In Kummer und Sorgen verschied Friedrich am 4. Januar 1428 in Altenburg und wurde später als der erste seines Geschlechts in der neuen Grabkapelle des Domes von Meißen beigesetzt.

§ 26. Auch seine anfangs gemeinschaftlich (außer im Kurlande) regierenden Söhne, **Friedrich** V. **der Sanftmütige** (1428—64) und **Wilhelm** III. **der Tapfere** (1428—82) waren bei der mangelhaften Organisation des ganzen Heerwesens nicht imstande, den verwüstenden Raubzügen der Hussiten zu wehren. Nur die größeren festen Städte behaupteten sich gewöhnlich (1429 Belagerung von Pirna, Meißen, Großenhain, Bautzen; 1430 Zerstörung von Altenburg, Plauen, Auerbach); das platte Land wurde entsetzlich verheert (die „wüsten Marken"). Erst das Konzil von Basel machte durch kirchliche Zugeständnisse 1434 dem Kampfe ein Ende. Die Hoffnung auf eine umfassende Kirchenreform scheiterte allerdings besonders durch die Schuld Kaiser **Friedrichs** III. (1440—93; Konkordat von Wien 1448).

§ 27. Die Gebietserweiterungen während dieser Zeit bezweckten besonders die Einverleibung der noch übrigen ursprünglich reichsunmittelbaren oder böhmischen Herrschaften ihres Bereichs. Zuerst zogen die Brüder 1428 das Erbe des bei Aussig gefallenen letzten Burggrafen von Meißen (Lichtenwalde, Sayda und Purschenstein) an sich und ließen dem von Kaiser Sigismund bestellten Burggrafen Heinrich Reuß von Plauen nur Frauenstein, bis 1439 auch dies feste Schloß erobert und zerstört wurde. Ebenso erwarben sie 1429 die Burggrafschaft Altenburg. Sodann tauschten sie 1443 gegen die Herrschaft Mühlberg a. E. die böhmische Herrschaft Hohnstein (mit Wildenstein b. i. Kuhstall) von den Berka von der Duba ein und stellten damit die gegenwärtige Grenze zwischen Sachsen und Böhmen in dieser Gegend her. Später brachte Sidonie (Zdenka), die Tochter des böhmischen Königs Georg von Podjebrad (1457—71), die Herrschaft Schwarzenberg (mit Platten und Gottesgab) ihrem Gemahl Albrecht dem Beherzten, dem zweiten Sohne Friedrichs, als Mitgift zu (1464). Doch mußten die Wettiner im Vertrage von Eger April 1459 die Lehnshoheit nicht nur über diese Herrschaften, sondern auch über eine ganze Reihe anderer meißnischer Gebiete (das Vogtland, das Elbthal bis Pirna abwärts, die Burgen im Müglitzthale, Colditz, Eilenburg, Leisnig u. s. w.) anerkennen, die für die meisten bis 1806 aufrecht blieb. Andererseits wurde im Streite mit Brandenburg über den Pfandbesitz der Niederlausitz 1451 Senftenberg erworben und durch den Eintritt Brandenburgs in die sächsisch-hessische Erbverbrüderung (s. § 21) 1457 ein engeres Verhältnis zu den Hohenzollern (seit 1411 in der Mark) angebahnt.

§ 28. Zu schweren Zerwürfnissen zwischen den beiden Brüdern führte der Streit um das erledigte Erbe Friedrichs des Friedfertigen von **Thüringen** († 1440) und die Teilung des väterlichen Besitzes. Denn der leidenschaftliche **Wilhelm**, dem Thüringen und ein Teil des Pleißner- und Osterlandes zugefallen waren, bestritt, von Apel

von Vitzthum aufgestachelt, das Erbrecht des Bruders auf seinen
Anteil. In dem darüber ausbrechenden sächsischen Bruderkriege
(1446—51) wurde Wilhelm durch Böhmen und Brandenburg unter=
stützt und Gera von seinen zuchtlosen böhmischen Söldnern, den
„Zebraken", 1450 erstürmt und entsetzlich verheert (Sage von den
Hussiten vor Naumburg). Bald darauf söhnten sich die Brüder im
1451. Vertrage von Pforta im Januar 1451 aus (das Anerbieten des
Schützen an Friedrich). Ein Nachspiel des Bruderkrieges war der
Prinzenraub in Altenburg in der Nacht vom 7. zum 8. Juli
1455. 1455, den Kunz von Kaufungen mit Hilfe des Küchenknechts Hans
Schwalbe an Ernst und Albrecht, den einzigen Sprößlingen des
Hauses Wettin, aus Rache gegen den Kurfürsten verübte (der Köhler).
Friedrich verschied unter herzlichen Ermahnungen an seine Söhne
7. Sept. 1464 in Altenburg, das er seiner trefflichen Gemahlin
Margarete, Tochter Ernsts I. von Österreich, als Witwensitz bestimmt
hatte († 1486).

§ 29. Die beiden Brüder **Ernst** (1464—86) und **Albrecht
der Beherzte** (1464—1500) regierten außer im Kurlande zunächst
gemeinschaftlich in bester Eintracht. Auch sie erweiterten ihr Gebiet.
1466. Zunächst eroberte Albrecht 1466 Stadt und Schloß Plauen, als
der Lehnsherr König Georg von Böhmen den Besitzer Heinrich III.
Reuß von Plauen auf die Klagen seiner Vasallen geächtet hatte.
Dann erkauften sie 1472 das schlesische Herzogtum Sagan von
Johann dem Wilden, 1477 (nur auf Wiederkauf) die Biberfteinschen
Herrschaften Beeskow=Storkow und Sorau in der Niederlausitz
(bis 1512). In demselben Jahre nötigten sie der Stadt Quedlin=
burg auf Antrag der Äbtissin Hedwig, ihrer Schwester, die sächsische
Schutzherrschaft auf und brachten 1483 das trotzige Erfurt in das=
1482. selbe Verhältnis, als ihnen nach Wilhelms III. erblosem Tode 1482
auch Thüringen zugefallen war. Auch ihr Einfluß im Reiche
wuchs. Ernsts gleichnamiger Sohn war Erzbischof von Magdeburg
und Bischof von Halberstadt († 1513), der ältere Albrecht Erzbischof
und Kurfürst von Mainz († 1484), Albrechts Sohn Friedrich Hoch=
meister des Deutschen Ordens († 1510). Außerdem griff **Albrecht
der Beherzte** (Animosus) thatkräftig in die schweren Kämpfe ein, in
die damals das Reich mit Herzog Karl dem Kühnen von Burgund
verwickelt war, während die Ungarn es im Osten bedrohten und 1485
Niederösterreich mit Wien eroberten. Als „des Kaisers gewaltiger
Marschalk und Bannermeister" entsetzte Albrecht mit Albrecht Achilles
1475. von Brandenburg 1475 das von Burgundern belagerte Neuß
durch den Sieg bei Zons. Nachdem Albrecht 1476 eine Pilgerfahrt
ins heilige Land unternommen hatte, fuhr er fort, den Kaiser nicht
nur gegen die Türken, sondern auch in den Kämpfen zu unterstützen,
die zur Erwerbung der burgundischen Lande durch die Habsburger
führten. So mächtig und angesehen hatten die Wettiner seit Heinrich
dem Erlauchten nicht wieder dagestanden, und eine noch weit glänzendere

Zukunft schien ihnen in dem zerfahrenen und von allen Seiten schwer bedrohten Reiche gewiß.

§ 30. Trotzdem verschritten die Brüder, deren Einvernehmen sich allmählich gelockert hatte, nach dem Heimfalle Thüringens zur Teilung von Leipzig 26. August 1485, welche die Wettinischen 1485. Lande für immer zerriß und das Haus in eine ernestinische und albertinische Linie spaltete. Ernst († 1486) erhielt zu seinem Kursachsen noch den größten Teil Thüringens, das wettinische Franken, das Vogtland, die Hauptmasse des Pleißnerlandes mit Altenburg und Zwickau und die Vogtei über das Bistum Naumburg. Albrecht († 1500) nahm Meißen, den Rest des Pleißnerlandes mit Leipzig, das nördliche Thüringen, die Vogtei über Merseburg und Queblinburg, Sagan, die niederlausitzischen Herrschaften. Gemeinsam blieben die erzgebirgischen Bergstädte, die Vogtei über Meißen, die Schutzherrschaft über Erfurt, Nordhausen und Mühlhausen. Keines der beiden Gebiete bildete eine geschlossene Einheit (s. die Karte), und da außerdem Vieles gemeinsam war, so gab es fortwährend Veranlassung zu Reibungen.

Staats- und Kulturleben.

§ 31. Dem Staatsleben des ausgehenden Mittelalters geben besonders vier Erscheinungen das eigentümliche Gepräge. 1. Neben die Landesherren treten die Landtage, eine Versammlung der oberen Stände (Prälaten, Grafen, Herren, Ritter, Städte), anfangs selten und in losen Formen (zuerst 1350 in Leipzig), im 15. Jrhdt. häufiger und in strengerer Ordnung. Sie bewilligten anfangs für außergewöhnliche Bedürfnisse Steuern, deren Verwaltung ein ständischer Ausschuß in die Hand nahm, aber seit 1458 sollten sie auch über Krieg und Frieden gehört werden, und 1466 wurden ihnen alle bisher erworbenen Rechte bestätigt. Gegenüber den Privatinteressen des Herrscherhauses vertraten die Stände mehr die Einheit des Landes. 2. Die fürstliche Regierung gewann festere Gestalt durch die Ausbildung fester städtischer Residenzen (seit 1485 für die Ernestiner Weimar, für die Albertiner Dresden) und eines geordneten Beamtentums. Kanzler, Hofmeister, Hofmarschall oder Kammermeister, Hofrichter (seit 1485 der Oberhofrichter in Leipzig) waren die höchsten Regierungsbeamten; Amts(haupt)leute verwalteten die großen Domänengruppen, die „Ämter", und übten zugleich die Polizei und Rechtsprechung über die kleineren „amtssässigen" Edelleute und Städte ihrer „Pflege", während die größeren „schriftsässigen" Edelleute und Städte unmittelbar unter dem Landesherrn und seinem Oberhofgericht standen. 3. Die Staatsgewalt, bisher wesentlich auf die Wahrung der inneren und äußeren Sicherheit beschränkt, dehnte ihre Wirksamkeit, namentlich die Gesetzgebung, auf immer weitere Gebiete des öffentlichen Lebens

zur Förderung der allgemeinen Wohlfahrt aus (die erste „Landes=
ordnung" für Thüringen 1452, für Meißen 1482; Ordnung des
Münzwesens, s. unter § 32) und suchte das Land nach außen ab=
zuschließen (1446 in Thüringen Verbot, Rechtsbelehrungen bei
auswärtigen Gerichten zu suchen). 4. Dagegen blieb die alte Teilung
der ausführenden Gewalt in Verwaltung, Rechtsprechung und
Heerwesen bestehen. Die Grundherren hatten die Polizei und
wenigstens die niedere Gerichtsbarkeit über die gutsangehörigen
Bauern (Patrimonialgerichtsbarkeit), die größeren Städte erwarben
sogar die selbständige Gerichtsbarkeit, indem diese vom landes=
herrlichen Vogt anfangs auf einen Erbschulzen aus der Bürgerschaft,
im 15. Jhrhdt. auf den Rat und seinen „Stadtrichter" überging.
Daneben übten die Städte ein ausgedehntes Gesetzgebungsrecht auf
Grund landesherrlicher Stadtrechte. Von den Zunftkämpfen blieben
sie fast ganz verschont. Ein Heer wurde durch das Aufgebot der
Vasallen und der Bürgerschaften gebildet, kam also nur langsam zu=
sammen und war für größere Unternehmungen unbrauchbar. Da
zudem gegen die Pulvergeschütze seit Ende des 14. Jhrhdts. die
ritterliche Bewaffnung ihre Bedeutung verlor, so gingen die Fürsten
mehr und mehr zu geworbenen Söldnern, den „Landsknechten", über.

§ 32. Das Volk schied sich aufs strengste nach Geburts=
ständen. Die bäuerliche Bevölkerung war den Grundherren in
immer wachsendem Maßstabe zu Zinsen, Hand=, Spann= und Gesinde=
diensten verpflichtet und wurde in ihrer Wirtschaft noch mehr eingeengt
durch die Weide= und Jagdrechte der Gutsherrschaften und die Bann=
rechte der Städte, namentlich auch durch die Unterdrückung des Gewerbe=
betriebes auf dem platten Lande. Daher machte die Landwirtschaft nur
geringe Fortschritte. — Weit mehr entwickelten sich die städtischen
Gewerbe unter dem Schutze der Zunftverfassung, der Märkte und
des Stapel= (Niederlags=) Rechtes für fremde Waren (in Leipzig
die Neujahrsmesse 1458, das Stapelrecht für einen Umkreis von
15 Meilen 1497).* Unter den Handwerken behauptete die Tuch=
macherei den Vorrang; die Leinweberei, besonders bedeutend in Chemnitz,
wurde erst 1472 zünftig. Im Erzgebirge erlebte der Bergbau
ein Zeitalter glänzender Blüte und förderte die Besiedlung des Landes
(1458 Zinnbergwerk in Altenberg, 1471 der Schneeberg fündig, 1477
Gründung der Stadt, 1492 der Schreckenberg bei St. Annaberg,
gegr. 1496, daneben St. Katharinenberg am Buchholz. Erste säch=
sische Bergordnung 1509). Im Anschluß daran bildete sich das
landesherrliche Münzwesen aus. 1307 ließ Friedrich der Freidige
die ersten „Dickpfennige", grossi Misnenses, schlagen, so genannt im
Gegensatze zu den alten dünnen „Brakteaten", 60 auf 1 Mark S.;

---

* Das Stapelrecht gab einer Stadt die Befugnis, alle oder manche
durchgehenden Waren für einige Zeit zurückzuhalten, um die eigenen Be=
dürfnisse davon zu befriedigen.

1490 bestimmte eine Münzordnung: 1 fl. = 21 Gr., etwa 9 RM. Silberwert. Daher wuchsen auch die Einkünfte der Fürsten und der Wohlstand namentlich in den Städten, obwohl keine an die großen Reichs- oder Hansastädte hinanreichte. Die Einwohnerzahl blieb verhältnismäßig noch gering (Ende 15. Jahrhdts. hatte Leipzig 10000 E., Dresden 5000 E.). Die meisten Privathäuser waren dürftige und feuergefährliche Bauten aus Fachwerk mit Stroh- oder Schindeldach. Mehr wandte man auf Kleidung und Waffenschmuck, reichliche Speisen und Getränke.

§ 33. **Das geistige Leben** wurde noch unbedingt von der Kirche beherrscht. Ihre glänzenden, oft mit Schaustellungen verbundenen Feste, zahllose fromme Bruderschaften, Stiftungen und Wallfahrtsorte (Kreuzkirche in Dresden, Grab des hl. Benno in Meißen) und Klöster übten auf alle Stände einen unermeßlichen und umfassenden Einfluß. Auch die Herrschaft über das Unterrichtswesen blieb ihr noch fast uneingeschränkt. Denn die zahlreich entstehenden Stadtschulen unterschieden sich nur dadurch von den geistlichen Anstalten, daß der Rat ihr Patron war (Kreuzschule in Dresden seit etwa 1300, Nicolaischule in Leipzig 1395, eröffnet 1512; Schulen in Zwickau 1372, Chemnitz 1399). Daneben trat die Universität Leipzig, 1409 von Friedrich dem Streitbaren als Ersatz für die tschechisierte Prager Hochschule und nach deren Muster gestiftet (die vier „Nationen" der Meißner, Sachsen, Bayern, Polen; die vier Fakultäten unter ihren Dekanen, an der Spitze der jährlich wechselnde Rektor; drei Kollegien; selbständige Gerichtsbarkeit, später ausgedehnter Grundbesitz); aber gegen Neuerungen verhielt sie sich ablehnend und verschloß sich daher auch dem eindringenden Humanismus, der sich an der Hochschule von Erfurt (eröffnet 1392) einen Hauptsitz schuf. — Hervorragendes leisteten dagegen die sächsischen Lande in der bildenden Kunst unter Oberleitung der Torgauer Bauhütte (1462), die sich der Straßburger unterordnete; für das Meißnerland war die Rochlitzer Hütte der Mittelpunkt. Neben großen gotischen Kirchenbauten in Meißen (Dom), Zwickau, Rochlitz, Leipzig und Annaberg traten schon prächtige Fürstensitze, so die Albrechtsburg in Meißen, das Werk des Meisters Arnold aus Westfalen.

II. Die Neuzeit.

Von der Leipziger Teilung bis zur Gegenwart.
1485—1898.

1. Die Zeit der Reformation. Friedrich der Weise und Albrecht der Beherzte. Johann der Beständige und Georg der Bärtige. Johann Friedrich der Großmütige und Moritz.
1485—1554.

§ 34. Gegen Ende des 15. Jhrhdts. waren in Deutschland die Zustände auf allen Gebieten des öffentlichen Lebens bei der Schwäche der Reichsgewalt in solche Verwirrung geraten, daß nur gründliche Reformen der Reichsverfassung, der sozialen Verhältnisse (namentlich des Bauernstandes) und der Kirche eine gewaltsame Umwälzung verhindern konnten. Da eine solche Reform nirgends gelang, so fiel der größte Teil des deutschen Volkes von der römisch-katholischen Kirche ab und bildete eine neue Kirche. Die Reichsordnung verfiel dagegen immer mehr, und die Unterdrückung der Bauern steigerte sich noch nach dem Bauernkriege. Inmitten dieser Zustände wuchs die Macht des weltlichen Fürstentums, weil es die Lösung der wichtigsten Aufgaben selbständig übernahm. Die sächsischen Lande insbesondere haben in dieser Zeit eine leitende und vorbildliche Rolle gespielt. Doch bildete sich auch ein tiefer Gegensatz zwischen Ernestinern und Albertinern heraus.

§ 35. Die Albertiner schlossen sich eng an die Habsburger an und widmeten ihre Kraft anfangs vorwiegend dem Reichsdienste. Albrecht der Beherzte unterstützte den römischen König (Mitregenten und Nachfolger) Maximilian erst gegen Ungarn, dann gegen die Niederlande, die ihm nach dem Tode seiner Gemahlin Maria (1482) teilweise den Gehorsam verweigerten. Albrecht kämpfte um die Befreiung des in Brügge gefangen gehaltenen Königs 1488, stellte in Holland unter heftigen Kämpfen bis 1492 das Ansehen der Habsburger wieder her und erhielt zur Entschädigung 1494 Friesland als „ewiger Gubernator". Freilich erfuhr er auch hier hartnäckigen Widerstand, sein Sohn Heinrich wurde in Franeker belagert, und kurz nachdem Albrecht einen Vergleich mit den Friesen zustande gebracht hatte, verschied er in Emden 1500. 12. September 1500. — Für seine sächsisch albertinischen Lande 1499. hatte er 1499 die Erbfolge nach der Erstgeburt, also die Unteilbarkeit, eingeführt; dort folgte ihm also sein älterer Sohn Georg der Bärtige (1500—1539); Heinrich der Fromme wurde mit

Friesland abgefunden, überließ aber 1514 diesen entlegenen Besitz für Geld an Maximilians Enkel Karl I. (V.) und erhielt nun nach dem Willen des Vaters nur die Ämter Freiberg und Wolkenstein.

§ 36. Im ernestinischen Sachsen regierte **Friedrich der Weise** (1486—1525) das Kurland allein, das übrige Gebiet mit seinem Bruder Johann gemeinschaftlich. Friedrich (geb. 1463 in Torgau), ein Mann von aufrichtiger Frömmigkeit, tiefer Herzensgüte und wärmstem deutschen Patriotismus, stand mit **Berthold**, dem Erzbischof und Kurfürsten von Mainz, an der Spitze der Bestrebungen für die Reform der Reichsverfassung und genoß im ganzen Reiche des höchsten Ansehens. Jene Versuche hatten freilich bei dem Widerstande Kaiser **Maximilians I.** (1493—1519) und der Gleichgiltigkeit der meisten Fürsten nur geringe Ergebnisse (Reichskammergericht, Kreiseinteilung, Reichsmatrikel) und führten nicht zur Herstellung einer starken Reichsgewalt.

§ 37. Eben als dies Ergebnis feststand, begann in Kursachsen von der Universität Wittenberg (gegr. 1502) aus Dr. **Martin Luther** seine Reformation mit dem Anschlag seiner 95 Thesen 31. Oktober 1517. Friedrich ließ anfangs den Dingen ihren Lauf, weil 1517. er es für Unrecht hielt, in geistlichen Sachen Gewalt zu brauchen. Er verhinderte deshalb auch, daß Luther der Vorladung nach Rom folgte und veranlaßte seine (fruchtlose) Vernehmung während des Reichstags in Augsburg durch den Kardinal Cajetan (Thomas de Vio) Oktober 1518, sowie seine Unterredung mit dem päpstlichen Kämmerer Karl von Miltitz zu Altenburg im Januar 1519, die eine Pause in dem 1519. Streite herbeiführte. Um dieselbe Zeit übernahm Friedrich nach dem Tode Maximilians (Januar 1519) das Reichsvikariat in Norddeutschland (vergl. § 24).

§ 38. Bald darauf fielen nun drei verhängnisschwere Entscheidungen. In der Leipziger Disputation Juni und Juli 1519 entschied sich der Bruch Luthers mit der römischen Kirche. 1519. Seitdem war Herzog **Georg** der entschiedenste Gegner der lutherischen Reformation. Am 28. Juni 1519 aber wurde in Frankfurt a. M. unter entscheidender Mitwirkung Friedrichs, der selbst die Krone ablehnte, **Karl V.**, der Herr von Spanien, Sicilien, Burgund und Österreich, zum deutschen Kaiser gewählt (1519—58), also ein fremder Fürst, der Deutschland gar nicht kannte und schon durch die Zusammensetzung seines Reichs verhindert war, eine deutsche Politik zu führen. Ehe er noch eintraf, schleuderte Papst Leo X. im Juni 1520 den Bann gegen Luther, dieser aber sagte sich durch die Verbrennung der Bannbulle 10. Dezember 1520 offen von der 1520. römischen Kirche los. Mit Mühe setzten die Reichsstände auf dem Reichstage von Worms Luthers nochmalige Vernehmung durch; da jedoch dieser den Widerruf verweigerte (17. 18. April 1521), so verhängte Karl V. über ihn die Reichsacht („Wormser Edikt" vom 8. Mai).

Damit brachte er das Kaisertum in Widerspruch mit der Mehrheit der Nation und erschütterte sein Ansehen aufs schwerste, denn er war nicht im stande, das Wormser Edikt durchzuführen und überließ Deutschland sich selbst, indem er wieder nach Spanien ging.

§ 39. Luther wurde nach Friedrichs geheimen Weisungen auf der Wartburg in Sicherheit gebracht, blieb dort vom Mai 1521 bis zum März 1522 und übersetzte das Neue Testament. Nach Wittenberg kehrte er erst zurück, um den Bildersturm zu stillen (Dr. Karlstadt, Thomas Münzer). Fortan leitete er dort ungestört den Fortgang der Reformation in Kursachsen, der Oberlausitz, Schlesien und den oberdeutschen Reichsstädten. Die Fürsten und Bischöfe verhielten sich zunächst unthätig. Auch der mißlungene Aufstand der Reichsritter unter Sickingen (1522/23) schadete der Sache Luthers nicht; erst der Sonderbund von Regensburg (Juni 1524) zur Durchführung des Wormser Edikts setzte ihrer Ausbreitung in Süddeutschland Schranken.

§ 40. Eine entscheidende Wendung brachte erst der furchtbare Bauernkrieg 1524/5. Er brach zuerst in Süddeutschland aus, ergriff aber im Frühjahr 1525 das sächsische Thüringen, wo Thomas Münzer von Mühlhausen aus einen allgemeinen Umsturz unter furchtbaren Zerstörungen (Reinhardsbrunn) begann. Auch im Vogtlande und im Erzgebirge gärte es. Inmitten dieser furchtbaren Erschütterung verschied Friedrich der Weise am 5. Mai 1525 auf Schloß Lochau (Annaburg), nachdem er noch das Abendmahl unter beiderlei Gestalt empfangen hatte. Ihm folgte sein Bruder Johann der Beständige auch als Kurfürst (1525—32). Unterstützt von Luthers entschlossenem Auftreten gegen die Bauern, besiegte dieser mit Hilfe Georgs des Bartigen und Philipps von Hessen die thüringischen Bauern bei Frankenhausen auf dem „Schlachtenberge" am 15. Mai 1525. Münzer wurde gefangen und hingerichtet. Dasselbe Schicksal hatte der Aufstand in Süddeutschland.

§ 41. Geschreckt durch so furchtbare Erfahrungen nahmen die evangelisch gesinnten Fürsten die Leitung der Reformation in die Hand. Der Musterstaat für die lutherische Kirchenordnung wurde Kursachsen. Bereits im August 1525 wies Kurfürst Johann die Geistlichen seines Landes an, hinfort das reine Evangelium zu predigen; im Februar 1526 schloß er mit Philipp von Hessen, den Herzögen von Braunschweig und Mecklenburg einen Bund zum Schutze der neuen Lehre. Der Beschluß des Reichstags von Speier im August 1526, daß jeder Reichsstand in Sachen der Religion sich so halten möge, wie er es vor Gott und dem Kaiser zu verantworten sich getraue, gab den Fürsten die Kirchenhoheit (jus reformandi) und damit die staatsrechtliche Grundlage der evangelisch-lutherischen Landeskirchen. Dadurch wurden die Fürsten „Notbischöfe" an Stelle der nicht mehr anerkannten Bischöfe. In Kursachsen begann der Ausbau nach der von Luther und Melanchthon geleiteten Kirchenvisitation seit 1528; die höheren (lateinischen) Schulen wurden nach Melanch- 1528. thons Schulordnung humanistisch umgestaltet.

§ 42. Diese neue Ordnung der Dinge vertrat Kurfürst Johann mit überzeugungstreuer Festigkeit auch der katholischen Mehrheit der Reichsfürsten und dem Kaiser gegenüber, dessen Macht damals durch die beiden ersten italienischen Kriege gegen Frankreich (1521—29) sowie durch die Erwerbung Böhmens (1527) und Ungarns (1528) für die Habsburger ungeheuer verstärkt war. Auf dem Reichstage von Speier 1529 stand Johann an der Spitze der „protestierenden" 1529. Fürsten, und in Augsburg, wo Karl V. persönlich erschien, veranlaßte er die Überreichung der Augsburger Konfession am 25. Juni 1530 (Luther auf der Koburg). Sodann trat er der 1530. drohenden Gefahr eines Religionskrieges entgegen, indem er 1531 mit Philipp von Hessen u. a. den Schmalkaldischen Bund zur Abwehr feindlicher Angriffe schloß. Endlich mußte Karl V. in seiner Bedrängnis durch die Türken den Schmalkaldischen Verbündeten im Juli 1532 durch den Religionsfrieden von Nürnberg die 1532. Sicherung ihrer kirchlichen Neuerungen bis zu einem allgemeinen Konzil gewähren. Kurz darauf starb Johann am 16. August 1532 in Schweinitz bei Torgau.

§ 43. Während dieser Zeit bemühte sich Herzog Georg im albertinischen Sachsen vergeblich, die lutherische Lehre zu unterdrücken. Er konnte nicht einmal hindern, daß sein Bruder Heinrich der Fromme ihr unter dem Einflusse seiner energischen Gemahlin Katharina von Mecklenburg sein kleines Gebiet schon 1530 öffnete und dem Schmalkaldischen Bunde beitrat. Da nun Georg alle seine fünf Söhne verlor und dann dem Bruder die Nachfolge zustand, so wollte er sein Land dem König Ferdinand von Böhmen, dem Bruder Karls V., übertragen, aber er konnte dazu die Zustimmung seines Landtags nicht erlangen und starb am 17. April 1539 in Dresden. In der That führte 1539. nun Heinrich der Fromme als Georgs Nachfolger (1539—41) die Reformation sofort durch, wie es der Gesinnung der Mehrheit seiner Unterthanen entsprach. Die rasche Ausbreitung des Protestantismus in ganz Norddeutschland und in Württemberg sicherte den Bestand der Neuerungen auch in Sachsen, zumal da Karl V. von neuem in auswärtige Kriege verstrickt war und neue Zugeständnisse machen mußte (Frankfurter Anstand 1539).

§ 44. Während nun der Kaiser allmählich erkannte, daß nur ein Krieg diesen Fortschritten Einhalt thun könne, bildete sich ein verhängnisvoller Zwiespalt zwischen den Ernestinern und Albertinern aus. Heinrichs Nachfolger, Herzog **Moritz** (1541—53, geb. 1521), ein junger Herr von hochfliegendem Ehrgeiz, kluger Berechnung und rascher Thatkraft, aber ohne besondere religiöse Wärme, betrachtete als sein Hauptziel die Erweiterung seiner Macht.

In diesem Bestreben sah er sich durch den Ernestiner, Kurfürst **Johann Friedrich den Großmütigen** (1532—54), eher gehemmt als gefördert. Dieser begann nämlich, nachdem er schon im Stift Naumburg die Reformation durchgesetzt hatte, eigenmächtig auch das unter gemeinsamer Schutzherrschaft stehende Stift Meißen (f. § 30) zu reformieren und besetzte daher 1542 das Amt Wurzen. Mit Mühe vermittelte Philipp von Hessen, Moritzens Schwiegervater, einen Ausgleich in diesem sog. „Fladenkrieg". Moritz aber, gereizt und ohne Vertrauen in die schwerfällige und unsichere Leitung des Schmalkaldischen Bundes, trat aus diesem aus. Trotzdem strebte er, sich mit Johann Friedrich über die Besitzergreifung der großen Stifter Magdeburg und Halberstadt zu verständigen. Erst als dies mißlang, begann er sich dem Kaiser zuzuwenden.

§ 45. Inzwischen hatte nämlich Karl V. seine Kriege mit den Türken und Franzosen beendet (1544 und 1545), und Papst Paul III. war zur Berufung des Konzils von Trident bewogen worden (1545). Die Weigerung der Protestanten, es zu beschicken, bot die letzte Ver
1546. anlassung zum Schmalkaldischen Kriege 1546/7, den Luther nicht mehr erlebte († 18. Februar 1546 in Eisleben). Während darüber noch die letzten Verhandlungen in Regensburg gepflogen wurden, erhielt Moritz vom Kaiser die Zusicherung der Schirmherrschaft über Magdeburg und Halberstadt, wenn er selbst die Acht gegen Johann Friedrich vollstrecke. Doch verhielt er sich unthätig, als die Schmalkaldner dem viel schwächeren kaiserlichen Heer an der oberen Donau erst bei Ingolstadt, dann bei Ulm gegenüberstanden, ohne etwas Ernstes zu wagen. Erst nachdem ihm König Ferdinand auch die Kurwürde und die Lande Johann Friedrichs aufs bestimmteste zugesagt hatte, brach er Ende Oktober 1546 überraschend in Kursachsen ein. Unterstützt von böhmischen Truppen besetzte er in wenigen Wochen das ganze Land mit Ausnahme von Wittenberg, Gotha u. a. Auf diese Nachricht hin löste sich das Schmalkaldische Heer auf, und die süddeutschen Protestanten unterwarfen sich dem Kaiser ohne Gegenwehr. Allein der erbitterte Kurfürst, mit 20 000 Mann eilig heranziehend, bemächtigte sich nicht nur seines eigenen Landes sofort wieder, sondern besetzte auch das streitige Stift Magdeburg und rückte in das albertinische Sachsen ein. Statt nun die Gunst der Lage zu benützen, ließ er sich
1547. erst durch die tapfere Verteidigung Leipzigs im Januar 1547, dann durch die Winterkälte aufhalten, schlug im März zwar den Markgrafen Albrecht von Brandenburg-Kulmbach bei Rochlitz, verzettelte aber seine Streitkräfte durch Entsendungen nach dem Erzgebirge und überschritt endlich bei Meißen die Elbe. Trotzdem war Moritz in solche Bedrängnis geraten, daß er nach Böhmen zurückwich und die Hilfe des Kaisers anrief. In Eger vereinigte sich dieser mit Moritz und König Ferdinand und ging dann in Eilmärschen gegen die mittlere Elbe vor. Hier ließ sich der ahnungslose Kurfürst am 24. April 1547 (Sonntag Misericordiae) in seinem Lager bei Mühlberg überraschen;

sein geschwächtes Heer (nur noch 6000 Mann) wurde auf dem Rück=
zuge durch die Lochauer Heide zersprengt, er selbst gefangen. Der
Kaiser ließ ihn darauf zum Tode verurteilen und brachte dadurch
das tapfere Wittenberg zur Übergabe. In der Wittenberger
Kapitulation 19. Mai 1547 verzichtete Johann Friedrich für sich 1547
und seine Nachkommen auf die Kurwürde und alle seine Ansprüche
auf Magdeburg und Halberstadt, übergab Wittenberg und Gotha und
versprach nach des Kaisers Belieben in Gefangenschaft zu bleiben.
Von seinen Landen blieb seinen Söhnen nur der größte Teil des
kursächsischen Thüringen. Das Kurland und das Gebiet östlich der
Elster fielen an Moritz (s. die Karte), das Vogtland kam als
böhmisches Lehen an das Haus Reuß (s. § 21). In Augsburg
empfing **Moritz** die feierliche Belehnung mit der Kurwürde am
24. Februar 1548. So waren die meisten Wettinischen Lande 1548.
an die Albertiner übergegangen und die Ernestiner in
eine untergeordnete Stellung zurückgedrängt.

§ 46. Aber Moritz war weder befriedigt noch fühlte er sich
in seinem neuen Besitze sicher. Denn er war im eigenen Lande sowie
bei den deutschen Protestanten überhaupt tief verhaßt, und die Über=
macht, die Karl V. durch seinen Sieg erlangt hatte, bedrohte den
Bestand des Protestantismus und die nationale Unabhängigkeit
Deutschlands gleichmäßig. Dazu fühlte sich Moritz durch die halb=
vertragswidrige Gefangennahme Philipps von Hessen in Halle persön=
lich verletzt. Er begann sich deshalb vorsichtig vom Kaiser zu ent=
fernen und zu den Protestanten hinüberzulenken. Daher führte er
zunächst in seinen Landen das katholisierende Augsburger Interim
(1548), das bis zur Entscheidung des Konzils gelten sollte, nicht
aus, sondern setzte das Leipziger Interim an seine Stelle
(Dezbr. 1548). Sobann knüpfte er mit den Söhnen Philipps von
Hessen, Albrecht von Brandenburg=Kulmbach und Joachim II. von
Brandenburg geheime Verbindungen an. Anderseits übernahm er,
um mit dem Kaiser nicht vorzeitig zu brechen, die Vollstreckung der
Reichsacht gegen Magdeburg 1550 und brachte endlich im 1550.
November 1551 die trotzige Stadt zur Übergabe. Während dieser
Belagerung aber schloß er ein geheimes Bündnis mit Johann von
Küstrin, Johann Albrecht von Mecklenburg u. a. norddeutschen Fürsten
zum Schutze des Protestantismus und der „deutschen Freiheit" und
gewann die Hilfe Frankreichs im Vertrage von Friedewalde 1551
gegen Einräumung des Reichsvikariats über die lothringischen Stifter
Metz, Toul und Verdun an König Heinrich II.

§ 47. Inzwischen war das Konzil von Trident nach längerer
Unterbrechung wieder zusammengetreten, und der Kaiser befand sich
ohne Ahnung von Moritzens Plänen und ohne Heer in Innsbruck.
Da gab seine Weigerung, den Landgrafen Philipp freizulassen, den
Verbündeten den populären Vorwand zum **Kriege 1552**. In Eil= 1552.
märschen erreichte Moritz Augsburg, erstürmte am 19. Mai die

Ehrenberger Klause und zog am 23. Mai in Innsbruck ein. Wenige Tage vorher war Karl V. mit Johann Friedrich, dem er die Freiheit angekündigt hatte, nach Villach in Kärnten geflüchtet Die Früchte des Sieges sicherte der Vertrag von Passau 2. August 1552. Die Truppen wurden entlassen, Philipp von Hessen freigegeben, der Besitzstand den Fürsten gewährleistet. Über die kirchliche Frage und die Beschwerden gegen die Regierung des Kaisers sollte der nächste Reichstag entscheiden. Damit war die Gewalt des Konzils über die deutschen Protestanten grundsätzlich aufgehoben und die Übermacht Karls V. in Deutschland zerschmettert.

§ 48. Allein der Kaiser, tief erbittert und noch mehr verstimmt durch die vergebliche Belagerung von Metz (Herbst 1552), arbeitete im Stillen gegen den eben geschlossenen Frieden und nahm deshalb Albrecht von Brandenburg-Kulmbach in seine Dienste, der inzwischen die fränkischen Bistümer bekriegt und zu Landabtretungen gezwungen hatte, aber darüber mit Moritz zerfallen war. Zur Aufrechterhaltung des Friedens verbündete sich Moritz mit Ferdinand von Böhmen, Heinrich von Braunschweig, den fränkischen Bischöfen und einigen süddeutschen Fürsten. Als Albrecht sich nun auf Braunschweig warf, eilte der Kurfürst seinem Verbündeten zu Hilfe (Moritzdenkmal in Dresden). In der blutigen Schlacht bei Sievershausen (zwischen Braunschweig und Hannover) 9. Juli 1553 siegte Moritz, wurde aber tödlich verwundet und verschied am 11. Juli (Grabmal im Dome zu Freiberg). Im nächsten Jahre 1554 starb auch Johann Friedrich, der 1552 in sein Land zurückgekehrt war. Zugleich dankte Karl V. ab. In Spanien und seinen Nebenlanden folgte ihm Philipp II., in Deutschland 1558 sein Bruder Ferdinand I., König von Böhmen.

§ 49. Moritz wurde der Begründer des sächsisch-albertinischen Kurstaats auch im Innern. Die neue evangelische Auffassung von der Selbständigkeit des Staates gegenüber der Kirche und die Schwäche der Reichsordnung kamen ihm dabei zu Hilfe. Vor allem ging er darauf aus, sein jetzt wohl abgerundetes Gebiet in ein möglichst geschlossenes und selbständiges Ganze zu verwandeln. Deshalb trat er schon 1547 das Herzogtum Sagan an Böhmen ab (s § 24), um dagegen die böhmische Lehnshoheit über Eilenburg, Leisnig und Colbitz abzulösen (s. § 27). Sodann begründete er eine neue Ordnung der Verwaltung. Die oberste Regierungsbehörde wurde 1547 der Hofrat. Die alten selbständigen Landesteile wurden als Kreise durch Oberhauptleute, die über den Amtshauptleuten in den Ämtern standen (s. § 31), von den Kreisstädten aus verwaltet. Dies war für den Kurkreis Wittenberg, für Thüringen Langensalza, für das Meißnerland Meißen, für das Osterland Leipzig. Das Oberhofgericht in Leipzig erhielt eine neue Verfassung. Für die bessere Verteidigung des Landes sorgte Moritz nach dem Vorgange Herzog Georgs durch die Neubefestigung von Dresden, Pirna und Leipzig. Die Macht der Stände steigerte sich, da der Kurfürst ihre Steuerbewilligungen für seine Kriege nicht entbehren konnte und ihrer Zustimmung bei den kirchlichen Umgestaltungen beburfte (baher 9 Landtage binnen 12 Jahren; ständige Ausschüsse in den Kreisen für die Verwaltung der Steuern).

§ 50. Ebenso brachte Moritz die **Verfassung der kursächsischen Landeskirche** zum Abschluß, neben der, wie damals überall, den Andersgläubigen nur die Gewissensfreiheit, nicht das Recht zur Bildung von Gemeinden und öffentlichem Gottesdienst verblieb. Als oberster Landesbischof setzte der Kurfürst an die Spitze der alten Erzpriesterbezirke Superintendenten. Über diesen standen die Konsistorien von Leipzig und Meißen, seit 1580 das Oberkonsistorium in Dresden. Das Patronat über die Pfarrstellen ging meist an die Grundherren und Städte über. Die drei Bistümer blieben als weltliche Herrschaften erhalten, die übrigen Stifter und Klöster wurden mit Zustimmung des Landtags 1541 meist für weltliche Zwecke eingezogen (säkularisiert) und ihre Güter an Edelleute und Städte veräußert oder zur fürstlichen Kammer geschlagen, andere für Kirchen- und Schulzwecke verwendet. Mit diesen Mitteln stattete Moritz die **Universität Leipzig** reichlicher aus (Paulinerkloster, Konvikt) und begründete nach dem Vorbilde der württembergischen Stiftsschulen die drei **Fürsten- und Landesschulen** Meißen, Grimma und Schulpforta.

2. Die Kulturblüte Kursachsens im Zeitalter der Glaubenskämpfe. August. Christian I. Christian II.
1553—1611.

§ 51. Da Moritz von seiner Gemahlin Agnes von Hessen nur eine Tochter Anna hinterließ (vermählt mit Wilhelm I. von Nassau-Oranien), so folgte ihm sein jüngerer Bruder **August** (1553—86). Geboren 31. Juli 1526, hatte er seine Jugend meist am böhmischen Hofe verlebt und eine gelehrte Bildung in Freiberg und Leipzig genossen. Schon 1544 wurde er Abminiftrator des Stifts Merseburg, 1548 vermählte er sich mit Anna, Tochter König Christians III. von Dänemark. Praktischer Verstand, große, oft bis zur Härte gesteigerte Willensstärke und unermüdliche Arbeitsamkeit machten ihn zu einem trefflichen Regenten seines Landes („Vater" August). In seiner **Reichspolitik** aber wurde er beherrscht von der Furcht vor einer neuen Erhebung der erbitterten Ernestiner und von der Abneigung gegen die Reformierten (1563 Übertritt der Kurpfalz zum Calvinismus). Daher suchte er im Reiche den bestehenden Friedenszustand aufrecht zu erhalten, schloß sich eng an das Kaiserhaus (Ferdinand I. 1558—1564, Maximilian II. 1564—76) an und lehnte jedes Zusammengehen mit der calvinischen Pfalz ab. Mit den Ernestinern versöhnte er sich deshalb im Vertrage von Naumburg 1554 durch 1554. Rückgabe Altenburgs und des späteren Neustädter Kreises (s. die Karte); im Reiche half er den Religionsfrieden von Augsburg

1555. 25. September 1555 zu stande bringen. Dieser gab den weltlichen Fürsten die Kirchenhoheit (jus reformandi; cujus regio, ejus religio), ließ aber die entscheidende Frage nach dem Schicksale der geistlichen Fürstentümer offen (der geistliche Vorbehalt) und gab dadurch der katholischen Gegenreformation freies Spiel.

§ 52. Zum Unglück verbanden sich damit **kirchliche Spaltungen unter den Protestanten**, die auch Kursachsen ergriffen. Während nämlich die 1558 neugegründete ernestinische Universität Jena am strengen lutherischen Lehrbegriff festhielt (Flacius Illyricus), herrschte in Kursachsen die vermittelnde, den Reformierten freundlicher gegenüberstehende Richtung des milden Philipp Melanchthon auch nach dessen Tode 1560 (Philippismus, Kryptocalvinismus), der sich auch der Kurfürst zunächst anschloß. Mit diesem kirchlichen Gegensatze verband sich der dynastische zwischen den Ernestinern und Albertinern. In den **Grumbachischen Händeln** kam er endlich zum offenen Ausbruch. Der zweite Sohn Johann Friedrichs des Großmütigen, **Johann Friedrich der Mittlere** von Gotha, hatte sich von dem unruhigen fränkischen Reichsritter Wilhelm von Grumbach mit der Hoffnung bethören lassen, mit Hilfe einer allgemeinen Erhebung des Adels die verlorene Stellung der Ernestiner wiederzugewinnen, unterstützte ihn daher in seiner Fehde gegen das Bistum Würzburg und trat sogar mit Erich XIV. von Schweden in Verbindung, der 1560 gegen Dänemark, den Verbündeten Sachsens, den Kampf um die Ostseeherrschaft eröffnet hatte. Auch als der Kaiser 1563 die Acht über Grumbach aussprach, ließ Johann Friedrich nicht von ihm ab und verfiel daher
1566. 1566 ebenfalls der Acht. August, als Hauptmann des obersächsischen Kreises mit der Vollstreckung beauftragt, zwang Gotha April 1567 zur Übergabe. Grumbach und der herzogliche Kanzler Brück wurden grausam hingerichtet, Johann Friedrich nach Wiener Neustadt zu lebenslänglicher Gefangenschaft abgeführt, die seine treue Gemahlin Elisabeth mit ihm teilte († 1595). Seine unmündigen Söhne mußten für Zahlung der Kriegskosten die vier „assekurierten Ämter" Arnshaugk, Weida, Ziegenrück und Sachsenburg an August verpfänden.

§ 53. Infolge dieses Sieges fühlten sich die Philippisten in der Umgebung des Kurfürsten (Geheimrat Cracow, der Leibarzt Dr. Peucer, der Hofprediger Sagittarius) noch sicherer als zuvor, veranlaßten daher den Consensus Dresdensis 1571. Als aber der Kurfürst darüber aufgeklärt wurde, daß der Philippismus in einzelnen Stücken von Luthers
1574. Lehre abweiche (1574), kam der heftigste Rückschlag. Die bisherigen Vertrauten wurden eingekerkert und die reine lutherische Lehre nochmals in der Konkordienformel (1577 in Kloster Bergen bei Magdeburg)
1580. zusammengefaßt, die 25. Juli 1580 verkündigt wurde. Alle Geistlichen und Lehrer, die sich ihr nicht fügten, wurden des Amtes entsetzt und 1580 eine neue Kirchenordnung erlassen. Mehr als 80 lutherische Reichsstände nahmen ebenfalls die Konkordienformel an, aber der Zwiespalt zwischen Lutheranern und Calvinisten verschärfte sich

dadurch. So überwältigte die Gegenreformation unter der schlaffen Regierung Kaiser Rudolfs II. (1576—1612) rasch viele geistliche Fürstentümer.

§ 54. Daneben that August Erhebliches für die Erweiterung seines Gebiets. Abgesehen von den „assekurierten Ämtern" erwarb er 1569 das Vogtland gegen eine Abfindungssumme von dessen verschuldetem Herrn Heinrich VII. Reuß zurück (Vogtländischer Kreis). Ferner ergriff er 1583 für sich und seine Mündel, die Kinder Johann Wilhelms von Weimar († 1573), Besitz vom Erbe der Grafen von Henneberg (Suhl, Schleusingen, einem Teile Meiningens). Das verschuldete Gebiet der sogenannten vorberortischen Linie der Grafen von Mansfeld übernahm er 1570 gemeinsam mit den beiden andern Lehnsherren derselben, den Stiftern Magdeburg und Halberstadt, unter seine Verwaltung (endgiltige Erwerbung erst 1780). Schließlich gingen auch die drei Bistümer thatsächlich an das Kurhaus über, da die schon meist evangelischen Domkapitel nur noch kursächsische Prinzen zu Administratoren beriefen, Merseburg 1561, Naumburg 1564, Meißen 1581. So umfaßten die kursächsischen Lande damals etwa 350 Geviertmeilen mit 1½ Million Einwohner.

1569.

1583.

§ 55. Die bedeutendsten Verdienste erwarb sich August um die Verwaltung und Kultur Sachsens. Die Stände organisierten sich fester, indem sich um 1565 die Prälaten, Grafen und Herren zur ersten Kurie gegenüber den beiden Kurien der Ritter und der Städte zusammenschlossen, und setzten für die Verwaltung der Steuern das Obersteuerkollegium ein. Neben diesem stand ganz selbständig die kurfürstliche Kammerverwaltung für die Domänen, seit 1566 unter dem Kammermeister. Ihren Mittelpunkt fand sie am Hofe unter dem Hofmarschall. Die Verwaltung der Stiftslande blieb davon völlig gesondert. Sehr nachdrücklich übte der Kurfürst sein Gesetzgebungs- und Verordnungsrecht. Mit seinen „Constitutionen" von 1572 gab er in Deutschland das erste Beispiel einer umfassenden Landesgesetzgebung.

§ 56. Vor allem war „Vater August" der erste deutsche Staats- und Volkswirt seiner Zeit, darin treulich und verständnisvoll unterstützt von „Mutter Anna". Damit hängt die erste kartographische Aufnahme des Landes zusammen. Die feste Grundlage bildeten die ausgedehnten Kammergüter und Regalien (nutzbare Hoheitsrechte). Die ersteren vermehrte er planmäßig durch große Ankäufe, ihre Verwaltung überwachte er aufs genaueste und wandte dem landwirtschaftlichen Betriebe die größte Sorgfalt zu („künstliches Obst- und Gartenzuchtbüchlein"; Kammergut Ostra; Baumschule in Stolpen, Hauptkellereien in Torgau, Leipzig und Dresden). Für die Verwertung der Forsten sorgte eine großartige Flößerei auf den Nebenflüssen der Saale; die hohe Jagd suchte August als leidenschaftlicher Jäger (Abenteuer auf dem Kleinen Winterberge 1558) sich selbst schließlich vorzubehalten, setzte daher 1584 die Todesstrafe auf Wildsrevel. Die Oberleitung der Bergwerke übertrug er dem „Hauptmann der Erzgebirge". So erlebte der sächsische Silberbergbau in der zweiten Hälfte des 16. Jhrhts. seine glänzendste Zeit (1521 Marienberg gegründet, 1591 Ursprung der Stadt Klingenthal) und wurde überall vorbildlich, im Harz und in Ungarn, in Indien und Spanisch Amerika. Daneben begann bereits die Ausbeutung der Zwickauer Steinkohlen (seit 1530; zwischen 1532 und 1597 acht „Kohlenordnungen"). Auch das kursächsische Münzwesen war durch seine Solidität allgemein berühmt (neben den „Gulden" seit 1500 die „Thaler" zu 24 Gr. nach dem Vorbilde der böhmischen „Joachimsthaler"). Die Gewerbe förderte August besonders durch Ansiedlung zahlreicher niederländischer Handwerker, die zu den alten Zweigen die Schleier(Baumwollen)weberei hinzufügten. Im dichtbevölkerten Erzgebirge verbreitete sich durch Barbara Uttmann die Spitzenklöppelei. Der Mittelpunkt des Handels blieb Leipzig, an dessen alten Stapelrechten August unnachsichtig festhielt; doch förderte er schon den Elbhandel zu gunsten Dresdens. So machte sich in Kursachsen weniger als anderswo in Deutschland die Veränderung der Welthandelsstraßen bemerkbar, die durch die großen Entdeckungen und das Aufkommen erst der Spanier und Portugiesen, dann der Holländer und Engländer sich vollzog.

§ 57. Der überall aufgehäufte Reichtum gestattete nun auch eine glänzende Entfaltung der bildenden Kunst nach dem Vorbilde der italienischen Renaissance. Der Baukunst stellte jetzt nicht mehr die Kirche die größten Aufgaben, sondern Fürsten, Edelleute und Städte in Schlössern, Rathäusern und Privatgebäuden. Insbesondere die sächsischen Fürsten zeigten während des ganzen 16. Jhrhts. große Baulust (glänzender Umbau des Dresdner Schlosses unter Georg und Moritz, das Zeughaus unter August, das Jagdschloß Moritzburg, die Augustusburg, Schloß Hartenfels in Torgau, Rathaus in Leipzig, Schloß Lauenstein). Auch die Malerei wurde durch Lucas Cranach den Älteren († 1553), den treuen Hofmaler Johann Friedrichs, nach Sachsen verpflanzt, und Ausgezeichnetes leistete das Kunstgewerbe.

§ 58. Durch Luther waren die sächsischen Lande die Heimat der neuhochdeutschen Schriftsprache geworden (erste neuhochdeutsche Grammatik von Johann Clajus 1578) und nahmen an der Litteratur lebhaften Anteil (das evangelische Kirchenlied; Volksschauspiele; Paul Rebhuhn in Ölsnitz, † 1546). Doch wurde die Bildung der höheren Stände zu einseitig von der theologisch-humanistischen Gelehrsamkeit beherrscht und dadurch dem Volksleben fast völlig entfremdet. Die wichtigsten Pflanzstätten derselben waren die Universitäten Wittenberg und Leipzig und die drei Landesschulen (s. § 50), neben denen zahlreiche „Lateinschulen" standen. August interessierte sich persönlich besonders für mathematische und naturwissenschaftliche Fächer (daher botanische Gärten an den Universitäten), die in Sachsen auch schon litterarisch bearbeitet wurden

(Adam Riese's Rechenbuch; Georg Agricola, Begründer der Mineralogie, † 1555). In traurigem Gegensatze zu diesen Fortschritten standen der Hexenwahn und die Hexenprozesse. — Das Leben war überall, auch an den Höfen und beim Adel, reichlich und derb, oft roh und unmäßig (Jagden, Trinkgelage, Turniere, Ringelrennen); in den Städten zeigte es sich am glänzendsten bei den Schützenfesten.

§ 59. Auf August († 11. Februar 1586) folgte **Christian I.** (1586—91), der einzige überlebende Sohn von 15 Kindern (geb. 1560), der, weil kränklich und wenig an Geschäfte gewöhnt, die Regierung fast gänzlich seinem thatkräftigen und weitblickenden Kanzler Dr. Nikolaus Krell überließ. Dieser gab der sächsischen Politik eine neue Richtung. Er hob die Verpflichtung auf die Konkordienformel auf, verbot den Geistlichen die Bekämpfung abweichender Glaubensansichten von der Kanzel herab und schloß 1591 ein Bündnis mit der calvinischen Kurpfalz zur Unterstützung der französischen Reformierten. Da er dabei aber oft willkürlich verfuhr und die ständischen Rechte mißachtete, so regte er die allgemeinste Feindschaft gegen sich auf. Als nun Christian I. 25. September 1591 plötzlich starb und für seinen unmündigen (1583 geb.) Sohn **Christian II.** (1591—1611) der strenglutherische Friedrich Wilhelm von Weimar die Regentschaft übernahm, wurde Krell unter nichtigen Anklagen verhaftet und nach zehnjährigen Gefängnisqualen 1601 in Dresden enthauptet.

§ 60. Die neue Regierung beseitigte alle seine Maßregeln und erneuerte die Verpflichtung auf die Konkordienformel. Nach außen brach sie alle Verbindungen mit der Pfalz ab und lenkte zu der konservativen Politik Augusts zurück, strebte also den Frieden im Reiche zu bewahren und leistete dem Kaiserhause Hilfe gegen die Türken. Dagegen ging die pfälzische Politik immer bestimmter darauf aus, gegenüber der rasch vordringenden katholischen Reaktion sämtliche protestantische Reichsstände zu vereinigen und sich auf Frankreich zu stützen, und brachte nach der Ächtung der protestantischen Reichsstadt Donauwörth 1608 die Union von Ahausen zu stande. Dieser setzte sich 1609 die katholische Liga unter Herzog Maximilian von Bayern entgegen. So standen sich in Süddeutschland die Religionsparteien gerüstet gegenüber. Der jülich-clevische Erbfolgestreit (seit 1609) führte den offnen Krieg zwischen ihnen herbei und entzweite auch noch die beiden lutherischen Kurfürsten von Sachsen und Brandenburg, da beide auf den clevischen Besitz Ansprüche erhoben, das Haus Sachsen auf Grund einer kaiserlichen Anwartschaft von 1483, Brandenburg ebenso wie Pfalz-Neuburg wegen Verschwägerung mit dem clevischen Fürstenhause; schließlich trat der Kurfürst Johann Sigismund von Brandenburg 1613 zum Calvinismus über. So waren die deutschen Protestanten völlig gespalten und die katholische Gegenreformation überall siegreich, als Christian II. im Juli 1611 einem Schlagflusse erlag, ohne Erben zu hinterlassen.

3. Die Zeit des dreißigjährigen Krieges. Johann Georg I. 1611—1656.

§ 61. Auch Johann Georg I., der jüngere Bruder Christians II. (geb. 1585), besaß nicht die Einsicht und Kraft, um den drohenden Gefahren zu begegnen, und ließ sich in religiösen Dingen allzusehr von seinem unduldsamen Ober=Hofprediger Hoe von Hoenegg beherrschen. Doch that er manches für die **militärische Rüstung des Landes**. Nachdem schon Christian I. die Werke von Dresden und Königstein verstärkt und dorthin eine stehende Besatzung (Guardia) gelegt hatte, 1613. begründete Johann Georg I. 1613 mit Zustimmung der Stände die **Defensionsordnung**, die auf der allgemeinen Wehrpflicht der Grund= besitzer beruhte (1592 schwere Reiter aus dem Lehnsadel in zwei Regimentern, 9360 Defensioner zu Fuß aus den Städten und Ämtern, ebenfalls in zwei Regimentern, 1500 Schanzgräber, 17 Geschütze). Im Reiche verfolgte er die alte Friedenspolitik im Anschlusse an Österreich (Wahl des Kaisers Matthias 1612).

1618. **§ 62.** Als nun 1618 der große Krieg mit dem **böhmischen Aufstande** begann und nach Matthias' Tode Friedrich V. von der Pfalz 1619 zum König von Böhmen gewählt wurde, da half Johann Georg gleichzeitig in Frankfurt die Wahl Ferdinands II. von Steiermark zum Kaiser entscheiden und stellte sich im März 1620 (Konvent von Mühlhausen) auf dessen Seite, um in seinem Auftrage die Lausitzen und Schlesien zu unterwerfen. Dafür versprach ihm der Kaiser, den Lutheranern in den böhmisch=österreichischen Ländern Glaubensfreiheit zu gewähren und ihm die Lausitzen als Pfand für die Kriegskosten einzuräumen. Während nun Böhmen durch die Schlacht am Weißen Berge 8. November 1620 völlig unterworfen wurde, rückte Johann Georg in die Ober=Lausitz ein, erstürmte 1621. Bautzen am 2. Oktober und sicherte im **Dresdner Accord** März 1621 den Ständen des Landes Amnestie und Wahrung ihrer Landesverfass= ung zu. Auf dieselben Bedingungen unterwarfen sich auch die Nieder= Lausitz und Schlesien. Doch aufs schwerste verletzten den Kurfürsten die erbarmungslose kirchliche Reaktion in Böhmen, die Ächtung Friedrichs von der Pfalz (Januar 1621) und die Übertragung der pfälzischen Kur an Maximilian von Bayern. Diese erkannte er erst 1623. an, als ihn der Kaiser 1623 förmlich in den **Pfandbesitz der Lausitzen** eingewiesen hatte.

§ 63. Am **niedersächsisch=dänischen Kriege** (1623—29) war Johann Georg I. unbeteiligt, obwohl ihm die Ausbreitung der kaiserlichen Macht bis an die Ostsee und das rücksichtslose Schalten Wallensteins in Norddeutschland mit steigender Besorgnis erfüllten. Als das **Restitutionsedikt** vom 6. März 1629, das alle seit 1552 ein= gezogenen geistlichen Güter für die katholische Kirche zurückforderte und damit den Bestand des Protestantismus in weiten Gebieten ge= fährdete, auch den Besitz Johann Georgs und die Ansprüche seines Hauses (sein Sohn August Administrator von Magdeburg) ganz unmittelbar bedrohte, trat er zu den Gegnern des Kaisers über. Daher beteiligte er sich am Kurfürstentage von Regensburg 1630 (Entsetzung Wallensteins, Verminderung des kaiserlichen Heeres), aber das Restitutionsedikt blieb aufrecht. Die Erbitterung über diese Maßregel drängte schließlich die norddeutschen Protestanten zum Anschluß an **König Gustav Adolf von Schweden**, der im Juni 1630 in Pommern gelandet war. Johann Georg versuchte zunächst die evangelischen Reichsstände im Leipziger Konvent Februar 1631 zu bewaffneter Neutralität 1631. zu vereinigen und warb selbst ein Söldnerheer. Allein nach der Zerstörung Magdeburgs im Mai durch Tilly rückten die **Kaiserlichen** in **Sachsen** ein, um den Kurfürsten zur Entwaffnung oder zum Bündnis zu zwingen. So gedrängt schloß dieser ein Bündnis mit Gustav Adolf, vereinigte sein Heer (unter Hans Georg von Arnim) bei Düben a. d. Mulde mit den Schweden und rückte zum Entsatze des belagerten Leipzig vor. In der **Schlacht bei Breitenfeld am 7./17. September 1631** wurden die Kaiserlichen aufs Haupt geschlagen und ihr Heer aufgelöst. Damit trat Gustav Adolf an die **Spitze der deutschen Protestanten**.

§ 64. Während nun die Schweden durch Thüringen in das ligistische Deutschland einrückten und nach der Schlacht am Lech im April 1632 selbst Bayern eroberten, besetzten die Sachsen noch 1631 das nördliche Böhmen und Prag. Allein im April 1632 übernahm Wallenstein 1632. wieder den Heerbefehl mit unbeschränkter Vollmacht und mit dem Auftrage, die Protestanten (unter Verzicht auf das Restitutionsedikt?) zum Frieden mit dem Kaiser zu bewegen. Zunächst drängte er die Sachsen aus Böhmen hinaus, die nun nach Schlesien zogen, hielt dann im verschanzten Lager bei Nürnberg, wo Gustav Adolf stand (August) und wandte sich endlich plötzlich gegen Sachsen. Da das Land ungedeckt war, so erreichte er Leipzig. Hier wurde er von dem herbeieilenden Gustav Adolf zur **Schlacht bei Lützen** gezwungen am 6./16. November 1632. Zwar fiel der König, doch wich Wallenstein nach Böhmen zurück. Zunächst blieb Sachsen noch im schwedischen Bündnis, allerdings ohne sich unter schwedische Leitung zu stellen, aber Arnim unterhandelte in Schlesien 1633 beständig mit Wallenstein, zunächst 1633. ohne Ergebnis. Ungeduldig ließ dieser seinen General Holke von Böhmen aus Sachsen entsetzlich verheeren, brachte dadurch Arnim zum Abzuge aus Schlesien, zwang die noch dort zurückgebliebenen sächsischen und schwedischen Truppen bei Steinau a. d. Oder zur Übergabe und drang bis Bautzen vor (Novbr.). Nur die Nachricht, daß Regensburg von den Schweden bedroht sei, zwang ihn zum Abzuge nach Böhmen. Hier wurde er am 25. Februar 1634 in Eger als Hochverräter ermordet. 1634 Damit waren für die Protestanten alle Hoffnungen auf einen günstigen Frieden zerstört, und bald überlieferte die furchtbare Niederlage bei Nördlingen Septbr. 1634 ganz Süddeutschland den Kaiserlichen. Geschreckt dadurch gab Johann Georg jeden ferneren Widerstand auf

1635. und schloß mit dem Kaiser den **Frieden von Prag 20./30. Mai 1635**, dem sich nachmals die meisten protestantischen Reichsstände fügten. Die Reformierten wurden vom Religionsfrieden ausgeschlossen, die Protestanten in Österreich preisgegeben, die geistlichen Güter auf 40 Jahre den Protestanten belassen. Der Kurfürst trat mit dem Kaiser in ein Bündnis zur Vertreibung der Schweden und Franzosen aus Deutschland, wurde erblicher Reichsfeldherr und erhielt die beiden Lausitzen sowie für seinen Sohn August das Stift Magdeburg.

§ 65. Statt des erhofften allgemeinen Friedens folgten die schrecklichsten Jahre des Krieges. Denn die zuchtlosen, aus dem Auswurf aller Länder gebildeten Söldnerheere traten gegen die wehrlose Bevölkerung in Feindes= wie in Freundesland mit barbarischer Roheit auf (der „Schwedentrunk"), und da die wachsende Geldnot und Veröbung des Landes den Unterhalt großer Heere nicht zuließ, so war keine Partei stark genug, die andere völlig niederzuwerfen. Daher bewegte sich der Krieg in fortgesetzten Vorstößen der Schweden und Franzosen gegen die kaiserlichen Erblande und in Gegenstößen der Kaiserlichen. Nicht am wenigsten litt darunter Sachsen. Die Sachsen und Kaiserlichen wurden 1635 bei Goldberg, 1636 bei Wittstock, 1639 bei Chemnitz von Banér, 1642 bei Breitenfeld von Torstenson geschlagen, Leipzig 1642 erobert, Freiberg dagegen 1639 und 1643 tapfer verteidigt. Erst als Königsmarck 1645 Meißen einnahm und Dresden bedrohte, schloß Johann Georg nach dem Beispiele Brandenburgs (1641) den Neutralitätsvertrag von 1645. Kötzschenbroda August 1645. Die Schweden behielten Leipzig und Torgau besetzt und hatten freien Durchmarsch durch Sachsen, aber das Land wurde neutral. Endlich beendete der **westfälische Friede** 1648. von Münster und Osnabrück 24. Oktober 1648 den schrecklichen Krieg. Sachsen blieb im Besitz der Lausitzen, der Prinz August behielt das Erzstift Magdeburg auf Lebenszeit († 1680), nach seinem Tode sollten die Ämter Jüterbogk, Dahme, Burg und Querfurt (Fürstentum Querfurt) an Sachsen, das übrige Land an Brandenburg fallen. Der Kurfürst wurde Leiter der evangelischen Stände am Reichstage (Corpus evangelicorum).

§ 66. Die **Ober=Lausitz**, erst seit dem 15. Jahrhundert mißbräuchlich so benannt, und die **Nieder=Lausitz** hatten sich auch unter böhmischer Herrschaft (s. § 21) selbständig, aber ganz verschieden entwickelt. In der Ober=Lausitz hatten sich die fünf größeren Städte (§ 15c) mit dem ursprünglich böhmischen Zittau 1346 zum **Sechsstädtebunde** vereinigt, traten dem raublustigen Adel in zahlreichen Fehden kräftig entgegen und bildeten ein blühendes Gewerbe, namentlich durch Einwanderung flämischer Tuchmacher, aus. Im Hussitenkriege litt das Land schwer; Lauban wurde 1427, Löbau 1431 erobert, Bautzen 1429 und 1431, Kamenz 1429, Zittau 1427 und 1431 angegriffen. Die Stadtgemeinden verwalteten sich selbst durch einen jährlich wechselnden Rat, an dem seit dem Anfange des 15. Jahr=

hunderts auch die Zünfte der Handwerker nach heftigen Kämpfen (namentlich in Bautzen) einen bescheidenen Anteil errungen hatten; sie besaßen ferner ausgedehnten Grundbesitz, und drei von ihnen (Görlitz, Lauban und Zittau) übten bis 1547 als Inhaber des „königlichen Erbgerichts" die Strafgerichtsbarkeit in schweren Fällen über ihren ganzen Bezirk ("Weichbild"), also auch über den Adel und seine Unterthanen. In dem sogenannten Pönfall 1547, den der mißgünstige Adel herbeiführte, indem er die Städte wegen ihres geringen Eifers im Schmalkaldischen Kriege bei König Ferdinand anklagte, verloren sie mit dieser Gerichtsbarkeit ihr Gewerbemonopol dem platten Lande gegenüber, fast ihren ganzen Grundbesitz und ihre freie Ratskür. Doch gewannen die größeren ihre Besitzungen und alten Rechte mit Ausnahme der beiden ersten bald wieder. Ihrer großen Selbständigkeit entsprechend bildeten die Sechsstädte auf dem Landtage den einen der beiden Stände, den andern die Prälaten, Standesherren und Ritter. Die Landesverwaltung leitete ein königlicher Landvogt in Bautzen. Auch die Reformation war von den Städten ausgegangen, ohne jedes Zuthun der landesherrlichen Gewalt. Daher hatten sie wie der Adel überall das Patronat über die Kirchen und Schulen und die meisten Kirchengüter an sich gebracht, und es fehlten (und fehlen) die Superintendenten als Vertreter des Landesherrn. Anderseits erhielten sich das Domkapitel an der Kollegiatkirche zu St. Petri in Bautzen (gegr. 1221), die beiden Cisterciensernonnenklöster Marienstern (gegr. 1234) und Marienthal (gegr. 1248), und im Anschluß daran geschlossene Gruppen katholischer Bevölkerung.

§ 67. Die Nieder-Lausitz war im 15. Jahrhundert völlig zerstückelt worden. An Brandenburg fielen 1442 Teupitz und Beitz, Beeskow und Storkow zuerst 1443, endgiltig 1555 (f. § 28), Cottbus 1445 und 1455, an Sachsen 1451 Senftenberg (f. § 27). Ausgedehnte Gebiete gehörten geistlichen Stiftern (der Abtei Neuzelle und dem Johanniterorden). Die Städte waren mit wenigen Ausnahmen (Guben, Cottbus) unbedeutend. — Bei der Vereinigung der Lausitzen mit Sachsen blieben sie böhmische Lehen, und der König von Böhmen wahrte sich das Heimfallsrecht, falls der albertinische Mannesstamm aussterbe; daher blieben die Landesverfassung und die kirchlichen Verhältnisse vertragsmäßig erhalten und beide Lande standen mit Sachsen nur in Personalunion. Die Ober-Lausitz stand seitdem unter der Oberamtsregierung, die Nieder-Lausitz unter dem Oberamtsregierungspräsidenten. Durch diesen Zuwachs erhielt Sachsen einen Umfang von etwa 730 ☐ Meilen. Allein Johann Georg stiftete schon 1652 für seine drei jüngeren Söhne selbständige Fürstentümer unter der Hoheit des Kurfürsten: Sachsen-Weißenfels (Nordthüringen mit dem Fürstentum Querfurt, bis 1746), Sachsen-Merseburg (Stift Merseburg, einige Ämter des Kurkreises und die Nieder-Lausitz, bis 1738) und Sachsen-Zeitz (Stift Naumburg-Zeitz, der vogtländische und der Neustädter Kreis, bis 1718).

§ 68. Freilich war dies ganze Gebiet jetzt durch Krieg und Pest entsetzlich entvölkert und verheert, das Volk verwildert und in Aberglauben versunken. Ähnlich sah es überall in Deutschland aus. Dazu hatte der westfälische Friede das Reich auch staatsrechtlich in einen lockern Staatenbund verwandelt, wertvolle Gebiete an Frankreich (Ober-Elsaß) und Schweden (Vorpommern, Wismar, die Stiftslande Bremen und Verden) abgetreten und diesen ganzen schmachvollen Zustand unter die Bürgschaft dieser beiden fremden Mächte gestellt. Die Keime zu neuem Leben lagen im Protestantismus und in der Selbständigkeit der weltlichen Einzelstaaten, die beide jetzt gesichert waren.

4. Das Zeitalter der Türken- und Franzosenkriege. Johann Georg II., III. und IV.
1656—1694.

§ 69. In der zweiten Hälfte des 17. Jhrhts. wurde die Geschichte Deutschlands und Europas durch das Übergewicht Frankreichs und Schwedens und die fortdauernde Türkengefahr bestimmt. Zugleich wirkten die unumschränkte Monarchie und das glänzende Hofleben Ludwigs XIV. vorbildlich auf die deutschen Staaten. Indessen stieg Brandenburg unter dem Großen Kurfürsten Friedrich Wilhelm (1640—88) durch innere Umgestaltung zum mächtigsten deutschen Staate neben Österreich empor. In Sachsen wurde eine solche nicht versucht, und an den auswärtigen Verwicklungen nahm das Land nur als Reichsglied Anteil.

§ 70. **Johann Georg II.** (1656—80, geb. 1613), pracht- und kunstliebend, aber ohne politische Begabung, schloß sich der Tradition gemäß eng an Österreich an, unterstützte daher gegen Frankreich und die rheinischen Kurfürsten die Wahl Leopolds I. zum Kaiser (1658—1705) und stellte ihm ein Hilfscorps gegen die Türken, das an dem glänzenden 1664. Siege bei St. Gotthard a. d. Raab 1. August 1664 Anteil nahm. Aber durch französische Hilfsgelder gelockt, trat er noch in demselben Jahre in ein enges Bündnis mit Frankreich, ließ es daher geschehen, daß gegen Erfurt im Auftrage des Kurfürsten Johann Philipp von Mainz die Reichsacht von französischen Truppen (wegen Ungehorsams) vollstreckt wurde, und verzichtete 1667 ausdrücklich auf das alte Schutzrecht seines Hauses (s. § 29). Im 2. Raubkriege (1672—79) ließ er seine Truppen gegen Frankreich fechten; nach dem Frieden von Nymwegen 1678 verbündete er sich mit dem Kaiser und Bayern gegen Brandenburg, um dies zur Herausgabe des eroberten schwedischen Vorpommern zu zwingen, schloß aber 1679 einen neuen Vertrag mit Frankreich.

§ 71. Eine andere Politik schlug sein Sohn **Johann Georg III.** (1680—91, geb. 1647) ein, der sich im französischen Kriege als

Soldat bewährt und als Landvogt der Ober=Lausitz auch mit der Verwaltung vertraut gemacht hatte. In klarer Erkenntnis der Notwendigkeit wurde er der Begründer des stehenden kursächsischen Heeres nach dem Vorbilde Brandenburgs und mit Unterstützung seines Landtags 1682. Nach außen hin schloß er schon 1681 ein Bündnis mit Brandenburg gegen die Übergriffe Frankreichs (die „Reunionen", Raub Straßburgs 1681), und führte 1683, als die Türken Wien zum zweiten Male bedrohten, persönlich 11000 Mann seiner Truppen dorthin, die an der glänzenden Entsatzschlacht 2./12. Septbr. unter dem Oberbefehle des Königs Johann Sobieski von Polen glorreichen Anteil nahmen (die Beutestücke im Historischen Museum zu Dresden). Später wirkten die Sachsen an der Erstürmung von Ofen Septbr. 1686 mit und halfen im venezianischen Solde Morea erobern. Beim Ausbruche des 3. Raubkrieges (1688—97) erschien Johann Georg III. als erster Reichsfürst mit 14000 Mann am obern Rheine. Doch starb er 1691 als Oberbefehlshaber der Reichstruppen in Tübingen. — Sein ältester Sohn **Johann Georg IV.** (1691—94, geb. 1668) setzte die Politik des Vaters fort, verschied aber schon 1694 im Feldlager, wenige Wochen nach seiner Geliebten Sibylle Magdalene von Neitschitz kinderlos.

Staats= und Kulturleben.

§ 72. Die Staatsverfassung blieb in Sachsen unverändert, denn ein äußerer Zwang, alle Kräfte durch die unumschränkte Monarchie zusammenzufassen, wie in Brandenburg, bestand hier nicht, die Macht der Stände war sehr ausgebildet und die Selbständigkeit der Lausitzen vertragsmäßig verbürgt (§ 67). Daher verschmolz nur der meißnische Stiftslandtag mit den erbländischen Ständen. An Stelle der vollständigen Landtage wurden meist Deputationstage einberufen. Dagegen geschah innerhalb der alten Verfassung mancher Fortschritt. Johann Georg III. schuf die stehende Armee (s. § 71); die kursächsische Post wurde unter Johann Georg II. (1661 Postordnung für Personen= und Briefbeförderung, die „Leipziger Zeitung" 1656) und Johann Georg IV. (1693 Oberpostdirektion in Leipzig) organisiert.

§ 73. Die Kulturarbeit richtete sich wie überall zunächst auf die Wiederherstellung des zerstörten Wohlstandes. In Sachsen wurde diese beschleunigt durch die starke Zuwanderung protestantischer „Exulanten" namentlich aus Böhmen (etwa 150000). Sie füllten die Lücken der Bevölkerung (um 1700 etwa 2000 Einwohner auf 1 Quadratmeile), gründeten neue Ortschaften, wie Johanngeorgenstadt 1654, Neusalza 1678, und belebten den Gewerbfleiß. Da sich nämlich der Silberreichtum des Erzgebirges rasch erschöpfte, so ging die dortige dichte Bevölkerung zu anderen Gewerben über (Serpentindreherei in Zöblitz, Fabrikation musikalischer

Instrumente). In der südlichen Oberlausitz blühte die Leinwand=
weberei glänzend auf (1666 Damastweberei in Großschönau), nament=
lich seitdem die Aufhebung des Edikts von Nantes 1685 die Re=
formierten (Hugenotten) aus Frankreich vertrieb, die nun auch in
Leipzig manches Luxusgewerbe begründeten. Zugleich wurde Leipzig
an Stelle von Frankfurt a. M. zum **Mittelpunkte des deutschen
Buchhandels**. Die Errichtung der Post und die Neuordnung des
Münzwesens 1690 (1 Mark Silber = 12 Groschen 9 Pf.) kamen
dem Handel zu gute.

§ 74. Am **geistigen Leben**, das unter dem Einflusse der
überlegenen französischen Bildung stand, nahm Sachsen einen hervor=
ragenden Anteil. In der Litteratur zeichneten sich Christian Weise
in Zittau († 1708) als Dramatiker, Paul Flemming († 1640) und
Paul Gerhardt († 1676) besonders als fromme Liederdichter aus;
in der Musik wurde der kurfürstliche Kapellmeister Heinrich Schütz
der Schöpfer der deutschen Oper (1693 Opernhaus in Leipzig). Die
Erneuerung der Philosophie, der Rechtswissenschaft (Naturrecht) und
der Theologie (Pietismus) ging zwar hauptsächlich von geborenen
Sachsen (Gottfried Wilhelm Leibniz, Samuel Pufendorf, Christian
Thomasius) oder von Männern, die eine Zeit lang in Sachsen
lehrten (August Hermann Francke, Philipp Jakob Spener) aus, faßte
aber weniger hier Wurzel, als im rasch aufstrebenden brandenburgisch=
preußischen Staate (Universität Halle 1694).

5. Sachsen in Verbindung mit Polen. Friedrich August I. der Starke. Friedrich August II.
1694—1763.

§ 75. In ganz neue Bahnen, auf das Feld der großen euro=
päischen Politik hinaus wurde Sachsen geführt, als **Friedrich
August I.** (geb. 1670), der jüngere Bruder Johann Georgs IV.,
die Regierung antrat (1694—1733). Der junge Kurfürst, von
Natur prachtliebend, sinnlich, vielseitig begabt, ehrgeizig und seit
seiner „Kavalierstour" an den westeuropäischen Höfen (1687/89)
von leidenschaftlicher Sehnsucht nach dem kunstgeschmückten Leben
Südeuropas erfüllt, bewarb sich nach Johann Sobieskis Tode (1696)
um die polnische Königskrone zugleich mit dem französischen
1697. Prinzen Ludwig von Conti und wurde im Juni 1697 gewählt, im
September zu Krakau gekrönt, nachdem er zum Katholizismus
(in Baden bei Wien) übergetreten war. Der öffentliche
Übertritt auch des Kurprinzen (1717) entschied den Glaubens=
wechsel des ganzen albertinischen Hauses. Doch brachte
dieser keine Veränderung für die lutherische Landes=
kirche, wenngleich jetzt den Katholiken und Reformierten eine be=
schränkte Religionsfreiheit zugestanden wurde. Denn der Kurfürst

übertrug seine landesbischöflichen Befugnisse an „die in evangelicis beauftragten Geheimräte" (jetzt Staatsminister). Aber das formell fortbauernde kursächsische Direktorium des Corpus evangelicorum (s. § 65) verlor alle praktische Bedeutung, und die thatsächliche Vertretung der protestantischen Interessen ging zum Nachteile Sachsens an Preußen über. Zugleich wurde Sachsen durch die **Personalunion mit Polen in den nordischen Krieg (1700—1721)** verflochten.

§ 76. Friedrich August hatte nämlich den Polen versprochen, die ihnen früher von Schweden entrissenen Länder (Livland) wieder zu erobern. Er verbündete sich daher mit Rußland (Peter b. Großen) und Dänemark gegen den jugendlichen Schwedenkönig Karl XII. und knüpfte mit dem unzufriedenen livländischen Adel (Reinhold Patkull) Verbindungen an. Da die Polen anfangs gar nichts für den Krieg leisteten, so mußte ihn der König mit sächsischen Truppen und Geldmitteln führen. Aber Karl XII. eroberte in wenigen Jahren den größten Teil Polens (Siege bei Klissow 1702 und Pultusk 1703), setzte Stanislaus Leszczinsky 1704 zum König ein, rückte nach der völligen Niederlage des sächsisch-russischen Heeres bei Fraustadt am 13. Februar 1706 durch Schlesien in das wehrlose Sachsen ein und zwang den Kurfürsten im Frieden von Altranstädt (bei Leipzig) am 24. September 1706, der polnischen Krone 1706. zu entsagen und Patkull auszuliefern. Erst 1707 räumten die Schweden das hart mitgenommene Sachsen, auf sächsische Kosten bis auf 43000 Mann verstärkt, besoldet, verpflegt und neu ausgerüstet. Allein nach der vernichtenden Niederlage Karls XII. bei Poltawa 1709 und seiner Flucht nach der Türkei bildete sich der Kriegsbund gegen Schweden aufs neue. Friedrich August nahm schon 1709 die 1709. polnische Krone wieder und ließ seine Truppen gegen die schwedischen Besitzungen an der deutschen Ostseeküste vorrücken, die damals von Dänen und Russen bedroht wurden. Im Bunde mit diesen eroberten die Sachsen 1714 Stettin, mit den Preußen 1715 Stralsund. Nach dem Falle Karls XII. vor Friedrichshall 1718 ging der nordische Krieg zu Ende (Abtretung des südlichen Vorpommern an Preußen, Bremens und Verdens an Hannover), und Friedrich August behauptete die polnische Krone. Nach dem Kriege nahm er an den großen europäischen Verwicklungen keinen Anteil weiter, bemühte sich vielmehr besonders, wenngleich vergeblich, seinem Sohne die Nachfolge in Polen zu sichern, und trat deshalb in ein freundliches Verhältnis zu Friedrich Wilhelm I. von Preußen, dessen Besuch er 1728 in Dresden, 1730 im glänzenden Lustlager von Zeithain empfing.

§ 77. Der lange und schwere nordische Krieg äußerte seine Rückwirkung auch auf die innern Verhältnisse Sachsens. Die Rechte der Stände wurden allerdings nicht angetastet, sondern im Landtagsrevers von 1728 bestätigt, aber das neu eingerichtete Geheime Kabinett führte die Verwaltung wesentlich ohne sie. Namentlich wurden bestehende Steuern auch ohne Bewilligung des Landtags erhöht, neue Einnahmequellen eröffnet (Generalaccise nach preußischem Muster 1705, Landeslotterie 1713), und wertvolle Besitzungen, Hoheitsrechte und Ansprüche an auswärtige Fürsten veräußert, so das Anrecht auf das 1689 erledigte Sachsen-Lauenburg (s. § 24) an Hannover, das Amt Petersberg bei Halle sowie das Schutzrecht über Queblinburg und Nordhausen (s. §§ 20, 29) an Preußen. Das Heer, meist aus geworbenen Inländern bestehend, wurde auf etwa 30000 Mann gebracht und glänzend ausgerüstet, für die Ausbildung der Offiziere durch die Errichtung des Kadettenhauses 1725 gesorgt, dagegen das unbrauchbare Defensionswesen aufgehoben. Auch für die Landeswohlfahrt geschah manches. Für Besserung der Rechtspflege waren eine neue Prozeßordnung und der Codex Augusteus (1724) bestimmt. Den Handel förderte die Postordnung von 1713 (die Meilensteine), ein Handelsvertrag mit Preußen 1728 und der Verkehr mit Polen. Einen neuen wichtigen Industriezweig schuf die Erfindung des Porzellans durch Joh. Friedr. Böttcher (1709 Porzellanfabrik auf der Albrechtsburg in Meißen).

§ 78. Alles aber sollte sich nach dem Vorbilde Ludwigs XIV. um den Hof gruppieren. Der Persönlichkeit Friedrich Augusts entsprechend wurde der Dresdner Hof der glänzendste und geschmackvollste, aber auch der verschwenderischeste und sittenloseste nächst dem französischen. Das ganze Leben löste sich in eine kaum unterbrochne Reihe prunkvoller Festlichkeiten auf. Um für diese würdige Schauplätze zu schaffen, verwandelte Friedrich August mit Hilfe genialer Künstler (Pöppelmann) durch großartige Bauten im Rokoko- und Barockstil Dresden in eine der schönsten Städte Europas (Aufbau des 1685 abgebrannten Alten-Dresden als Dresden-Neustadt, das Japanische Palais, das Blockhaus, die Augustusbrücke, der Zwinger, zahlreiche Adelspaläste, daneben die mächtige Frauenkirche Georg Bährs; die Friedrichstadt) und errichtete eine Anzahl prächtiger Landsitze (Pillnitz, Groß-Sedlitz, Moritzburg). Dem Prunke des Hofes dienten zunächst auch die reichen Kunstsammlungen, zu denen Friedrich August den Grund legte (das Museum Augusteum, die Gemäldegalerie, das Grüne Gewölbe, die Porzellansammlung). Auch wurde 1705 die Maleralademie gegründet.

§ 79. Nach dem Tode Augusts des Starken am 1. Februar 1733 in Warschau (beigesetzt in Krakau) fiel der Kurhut an **Friedrich August II.** (1733—63), den einzigen legitimen Sohn aus der Ehe mit der frommen Christiane Eberhardine von Brandenburg-Bayreuth, die 1727 in selbstgewählter Einsamkeit auf Schloß Pretzsch bei Wittenberg gestorben war. Noch in demselben Jahre wurde der Kurfürst von einer Partei zum König von Polen gewählt, konnte aber diesen Anspruch nur mit Hilfe Österreichs und Rußlands im polnischen Successionskriege (1733—35) durchsetzen, der Sachsen weiter nicht berührte. Geboren 1696, nicht unbegabt, namentlich kunstsinnig, aber phlegmatisch und ohne Neigung für Geschäfte, machte er der anstößigen Maitressenwirtschaft seines Vorgängers sofort ein Ende. Aber allzu vertrauensselig überließ er die unumschränkte Leitung der Regierung seinem unheilvollen Günstling, dem Grafen Heinrich von Brühl (geb. 1700, 1733 Kammerdirektor, dann Kabinettsminister und Minister des Auswärtigen, 1746 Premierminister). Dieser benützte seine Stellung lediglich dazu, um seiner Genußliebe und Herrschsucht zu fröhnen, befriedigte daher geschmeidig jede Neigung des Kurfürsten und wußte von ihm jeden anderen Einfluß fernzuhalten.

§ 80. Allerdings behauptete das Kulturleben Sachsens seinen hohen Rang. Friedrich August begünstigte vor allem die italienische Kunst, pflegte daher die italienische Oper (Joh. Adolf Hasse), vermehrte die Gemäldegalerie um ihre wertvollsten Stücke (Rafaels Sixtinische Madonna), beschäftigte italienische Bildhauer (die Neptunsgrotte im Marcolinischen Garten) und errichtete die prächtige Hofkirche durch Gaetano Chiaveri. So wurde Dresden das deutsche Florenz (Herder). Dagegen war Leipzig der Mittelpunkt des litterarischen, musikalischen und wissenschaftlichen Lebens in ganz Norddeutschland (Gottscheds Reformbestrebungen für das deutsche Drama, Karoline Neuber; die Leipziger Dichterschule, unter ihr Gellert und Rabener, Lessing; der große Meister des Kirchengesanges Joh. Seb. Bach; die Philologen J. A. Ernesti und J. J. Reiske, der Archäolog J. Christ). Eigenartiges religiöses Leben entfaltete sich besonders in der stillen Genossenschaft der Herrnhuter, einem Zweige der böhmisch=mährischen Brüder (Graf Ludwig von Zinzendorf, † 1760, Herrnhut gegründet 1722).

§ 81. Bald aber wurde Sachsen in den Kampf zwischen Österreich und Preußen verwickelt, der das Schicksal Deutschlands in neue Bahnen lenkte. Den Anstoß dazu gaben die Ansprüche Friedrichs II. auf einen Teil Schlesiens und das Aussterben des Habsburgischen Mannesstammes mit Kaiser Karl VI. 1740 (die „pragmatische Sanktion" 1713). Im ersten schlesischen Kriege (1740 bis 1742) und im Beginne des österreichischen Erbfolgekrieges (1741—48) stand Sachsen auf der Seite Preußens und Bayerns, um den Anspruch Karl Alberts von Bayern auf habsburgische Länder gegen Maria Theresia zu unterstützen und die Rechte der Kurfürstin Maria Josepha, der Tochter Kaiser Josephs I. († 1711), zu wahren (Karl Albert König von Böhmen 1741 und deutscher Kaiser 1742). Die Sachsen fochten daher mit in Böhmen und Mähren (Erstürmung von Prag, Belagerung von Brünn). Erst im Frieden von Breslau 1742 gab 1742. Sachsen seine Ansprüche auf und erkannte die pragmatische Sanktion an. Allein die Erwerbung Schlesiens hob Preußen weit über das ihm

bisher wenig nachstehende Sachsen empor, schädigte den sächsisch-polnischen Handel und vereitelte die Aussicht, eine Gebietsverbindung zwischen Sachsen und Polen herzustellen. Daher schloß Brühl, oben-
1743. drein Friedrichs II. persönlicher Feind, schon 1743 ein Verteidigungsbündnis mit Österreich. Als nun der zweite schlesische Krieg (1744/45) ausbrach und Friedrich II. durch Sachsen in Böhmen einfiel, erschienen 20 000 Sachsen in seinem Rücken und nötigten
1745. ihn, Böhmen zu räumen. Nun schloß Brühl im Januar 1745 mit Österreich, England und Holland ein Bündnis zur Wiedereroberung Schlesiens und verabredete im Leipziger „Partagetraktat" (Mai) eine förmliche Teilung Preußens, das nach Karl Alberts Tode und dem Frieden von Füssen (April 1745) ganz allein stand. Indes der Einbruch des sächsisch-österreichischen Heeres in Schlesien endete mit der Niederlage bei Hohenfriedberg und Striegau am 4. Juni 1745, und die Niederlage der Sachsen (unter Rutowski) bei Kesselsdorf gegen Leopold von Anhalt-Dessau am 15. Dezember lieferte Dresden in Friedrichs II. Hand. Darauf beendete der Friede von Dresden am 25. Dezember 1745 den Krieg auf Grund des Breslauer Friedens (Abtretung von Fürstenberg a. O. an Preußen). Die Großmachtstellung Preußens war erkämpft, aber auch der Bestand der österreichischen Monarchie unter Maria Theresia gesichert.

§ 82. Damit waren die bisherigen Machtverhältnisse Europas völlig verschoben. Infolge dessen bildete sich ein Einverständnis zunächst zwischen Österreich und Rußland (Verteidigungsbündnis 1746), dann auch zwischen Österreich und Frankreich (Bündnis
1756. von Versailles 1756; Fürst Kaunitz) zur Schwächung oder Vernichtung Preußens. Friedrich der Große dagegen, von den Plänen seiner Feinde teils durch Vertraute in Petersburg, teils durch den Verrat des sächsischen Kanzlisten Menzel unterrichtet, schloß mit England 1756 den Vertrag von Westminster. Für Sachsen war die Neutralität unmöglich; aber statt das Land für den unvermeidlichen Kampf möglichst zu rüsten, brachte Brühl durch maßlose Verschwendung Finanzen und Heerwesen in völlige Zerrüttung. Die Landes- und Kammerschulden stiegen, und da die Zinsen nicht mehr pünktlich bezahlt wurden, so sank der Kredit. Endlich wurden selbst die Gehalte nicht mehr ordnungsmäßig gezahlt, das Heer aber trotz aller Vorstellungen der Generale von 42 000 auf 19 000 Mann vermindert. Die Ausrüstung war mangelhaft, von den Festungen kaum eine verteidigungsfähig. Trotzdem nahm Brühl an allen gegen Preußen gerichteten Bestrebungen eifrig teil, ohne allerdings einem Bündnisse geradezu beizutreten, und suchte durch Familienverbindungen Sachsen mit katholischen Höfen in nähere Beziehungen zu bringen. Der Kurprinz Friedrich Christian wurde 1747 mit Marie Antonia Walpurgis, Tochter Karl Alberts von Bayern, Maria Josepha mit dem französischen Thronfolger Ludwig vermählt.

§ 83. Ehe noch die Rüstungen der Verbündeten vollendet waren, beschloß Friedrich der Große, dem Angriffe des ihm weit überlegenen furchtbaren Kriegsbundes durch einen raschen Stoß auf Österreich zuvorzukommen. Der preußische Einmarsch in Sachsen am 28. August 1756 eröffnete den siebenjährigen Krieg (1756—63). 1756. Dresden wurde schon am 9. September mit ungeheuren Vorräten übergeben, die geheimen Papiere der Königin weggenommen, das kleine sächsische Heer in seinem Lager bei Pirna unter dem Schutze des Königsteins, wohin sich der Kurfürst mit Brühl zurückgezogen hatte, eingeschlossen. Den Versuch der Österreicher, Hilfe zu bringen, vereitelte Friedrichs Sieg bei Lobositz am 1. Oktober; als sie dann auf dem rechten Elbufer bis gegen Schandau hin vordrangen, waren die Sachsen durch Hunger und Entbehrungen bereits erschöpft und mußten nach einem vergeblichen Versuche, sich über die Elbe zu den Österreichern durchzuschlagen, auf der Ebenheit unter dem Lilienstein am 16. Oktober die Waffen strecken. Die Soldaten wurden dann gegen den Vertrag ins preußische Heer eingereiht, gingen aber nachmals fast alle über. Der Kurfürst ging nach Warschau und blieb dort während des ganzen Krieges, während die Kurfürstin († 1757) und das kurprinzliche Paar in Dresden aushielten; der Königstein wurde für neutral erklärt, das Land unter preußische Verwaltung gestellt, um fortan einen Hauptstützpunkt Friedrichs zu bilden.

§ 84. Aber der zähe Widerstand des kleinen sächsischen Heeres hatte Friedrichs ursprünglichen Plan vereitelt, und zu Anfang des Jahres 1757 schloß sich das große Angriffsbündnis zwischen 1757. Österreich, Rußland, Frankreich, Schweden und dem Deutschen Reiche zur Vernichtung Preußens. Indem Friedrich II. im Bunde mit England, Hannover, Hessen, Braunschweig u. a. m. den ungleichen Kampf aufnahm, focht er zugleich um die Zukunft Deutschlands. Sachsen spielte fast nur eine leidende Rolle. Nur versprengte Truppenteile fochten auf verschiedenen Kriegsschauplätzen in fremdem Solde. Am 18. Juni 1757 entschieden vier sächsische Reiterregimenter die Schlacht bei Kolin gegen Friedrich, der dadurch in eine fast hoffnungslose Verteidigung zurückgeworfen wurde. Bei ihrem Vordringen nach Sachsen äscherten die Österreicher das von den Preußen schwach besetzte gewerbfleißige Zittau durch eine zwecklose Beschießung fast gänzlich ein. Aber Friedrichs Sieg bei Roßbach über die Franzosen und Reichstruppen am 5. November 1757 sicherte ihm den Besitz Sachsens, das er auch 1758 trotz seiner furchtbaren Niederlage bei 1758. Hochkirch am 15. Oktober behauptete. Erst 1759, nach der Schlacht 1759. bei Kunersdorf, übergab auf seinen Befehl General von Schmettau Dresden am 5. September an die Reichstruppen, und der Versuch der Preußen es wiederzunehmen, endete mit der Kapitulation des Generals Fink bei Maxen am 21. November, so daß die Österreicher zum ersten Male Winterquartier in Sachsen bezogen. Um Dresden wiederzunehmen, richtete Friedrich 1760 eine furchtbare Beschießung 1760

gegen die Stadt, die 416 Häuser und 5 Kirchen, darunter die Kreuz=
kirche, zerstörte, mußte aber am 30. Juli ohne Ergebnis abziehen
und konnte sogar nicht verhindern, daß österreichische, sächsische und
russische Truppen Berlin besetzten und Charlottenburg verwüsteten.
Dafür befahl er die Ausplünderung des kursächsischen Jagdschlosses
Hubertusburg. Aber den größten Teil Sachsens gewann er durch den
schweren Sieg bei Torgau am 3. November zurück. Dabei litt das
Land entsetzlich durch Kontributionen, Münzverschlechterung (die
1762. "Ephraimiten") und Zwangsaushebungen. Erst 1762 endete der
Krieg um Sachsen nach dem Siege des Prinzen Heinrich von Preußen
bei Freiberg am 15. Oktober mit dem Waffenstillstande vom
24. November. Denn der Tod der Kaiserin Elisabeth von Rußland
am 5. Januar, der französisch=englische Vorfriede von Fontainebleau
vom 3. November 1762 hatten die Koalition bereits aufgelöst. So
kam durch die besonderen Bemühungen des Kurprinzen Friedrich
1763. Christian am 15. Februar 1763 der Friede von Hubertus=
burg zwischen Österreich, Preußen und Sachsen zu stande, der den
Besitzstand vor dem Kriege wiederherstellte. Damit war die Groß=
machtstellung Preußens unwiderruflich befestigt, der Dualis=
mus zwischen Preußen und Österreich zur bestimmenden Macht
im deutschen Staatsleben geworden, Sachsens Geltung dauernd
herabgedrückt. Die schweren Verluste an Menschenzahl (etwa
90000) und Vermögen (100 Millionen Thaler) glichen sich dagegen
rasch wieder aus.

6. Die Friedenszeit. Friedrich Christian. Kurfürst Friedrich August III. der Gerechte.
1763—1806.

§ 85. Der Tod Friedrich Augusts II. am 5. Oktober 1763 zerriß
die unheilvolle Verbindung Sachsens mit Polen. Sein Nachfolger,
der treffliche Friedrich Christian (geb. 1722), entließ sofort Brühl,
der kurz darauf starb, ordnete die Untersuchung seiner Verwaltung
und die Beschlagnahme seines Vermögens an, setzte das Geheime Konsil
wieder in seine Rechte ein und berief wackere Männer an die Spitze
der Geschäfte. Mit Hilfe der Stände wurde die Tilgung der Landes=
schulden (30 Millionen Thaler) nach festem Plane begonnen, der Auf=
wand für Heer und Hofstaat herabgesetzt. Nach außen bahnte der
Kurfürst, die gefallene Entscheidung unumwunden anerkennend, ein
freundliches Verhältnis zu Preußen an.

§ 86. Nach seinem frühen Tode († 17. Dezember 1763 an den
schwarzen Pocken) folgte ihm sein unmündiger Sohn Friedrich
August III. (1763—1827, geb. 23. Dezember 1750) zunächst unter der
Vormundschaft des "Administrators" Prinzen Xaver (geb. 1730).
Dessen Hauptthätigkeit galt der Herstellung und Verstärkung des
Heeres nach preußischem Muster (6200 Reiter, 21 000 Mann

Infanterie ohne die Garden und Spezialtruppen), während er alle Festungen außer Dresden und Königstein aufgab. Da er aber zu diesem Zwecke neue Auflagen einführte und dabei auf den Widerspruch der Stände stieß, so legte er noch vor dem Termine (13. Septbr. 1768) die Regentschaft nieder († 1806).

§ 87. So übernahm **Friedrich August**, noch nicht 18 Jahre alt, die Regierung. Sorgfältig erzogen, von scharfem Urteil und selbständigem Willen zeichnete er sich vor allem durch makellose Pflichttreue und strengste Rechtschaffenheit aus. Daher ließ er den schwerfälligen Bau des kursächsischen Staats (s. § 67) und die Rechte der Stände (aller 6 Jahre ein Landtag, seit 1775 im neuen Landhause) unverändert bestehen, da eine Umgestaltung manche Rechte hätte verletzen müssen. In seinem Machtkreise aber begann er eine Zeit wohlwollender und vorsichtiger Reformen im Sinne der aufgeklärten Selbstherrschaft Friedrichs des Großen, die nicht den Glanz des Fürsten, sondern das Wohl des Volkes als Staatszweck betrachtete. Die Finanzverwaltung wurde 1782 dem Geheimen Finanzkolleg (neben dem ständischen Steuerärar) übertragen und so musterhaft geordnet, daß die Schulden bis 1806 größtenteils getilgt und schon 1789 der Staatskredit völlig wiederhergestellt war (1772 die ersten „Kassenbillets"). Das Heer wurde in gutem Stande erhalten, obwohl es namentlich später durch mannigfache Übelstände (allzulange Dienstzeit, Soldatenfamilien, Kompagniewirtschaft) an Kriegsbrauchbarkeit verlor. In der Rechtspflege, die jetzt das Oberappellationsgericht in höchster Instanz leitete, wurde 1770 die Folter abgeschafft und der Vollzug der Freiheitsstrafen durch Zuchthäuser in Waldheim und Zwickau besser gesichert. Die Gesundheitspflege überwachte seit 1768 das Sanitätskollegium (Einführung der Schutzpockenimpfung). Die Armenpflege wurde durch die treffliche Armenordnung von 1772 den Gemeinden überwiesen.

§ 88. Für die Landwirtschaft sorgten die Landesökonomiedeputation und die ökonomische Societät. Daher wurden mannigfache Fortschritte angebahnt (Einführung des Kartoffelbaues seit dem Not- und Hungerjahre 1772; Veredelung der Schafzucht durch Einführung der spanischen Merinos; kurfürstliche Gestüte). Einen allgemeinen Aufschwung hinderte die Fortdauer der bäuerlichen Abhängigkeitsverhältnisse (s. § 32) und die ungleiche Verteilung der Staatslasten (Steuerfreiheit der Rittergüter), die 1790 sogar zu Unruhen um Lommatzsch, Nossen und Hohnstein führten. Dagegen machten Gewerbfleiß und Handel große Fortschritte. Der bürgerliche Mittelstand gewann dabei am meisten. Im Bergwesen wurde der Steinkohlenbergbau bald wichtiger als die Silberförderung (Amalgamierwerk in Halsbrücke 1787); vor allem gab ihm die weltberühmte Bergakademie zu Freiberg (gegr. 1765) eine feste wissenschaftliche Grundlage (A. F. von Heinitz). Von den Gewerben, die ihre Hauptstätten im Erzgebirge, im Vogtlande und in der südlichen Ober-Lausitz fanden, kamen namentlich die Baumwollenfabrikation, Kattundruckerei und Strumpfwirkerei empor; in der Ober-Lausitz erlebte die Leinweberei damals ihre glänzendste Zeit. Der Flußhandel litt noch unter der schlechten Beschaffenheit des Fahrwassers und den zahlreichen Zollstätten (auf der Elbe zwischen Dresden und Magdeburg 16), der Landverkehr unter den erbärmlichen Landstraßen. Trotzdem war der Leipziger Meßverkehr namentlich seit dem Ausbruche der französischen Revolution 1789 in beständiger Zunahme. So wuchs die Bevölkerungszahl von 1 632 000 Einwohnern (1772) auf beinahe 2 Millionen (1785), von denen schon ein Drittel in Handwerk und Industrie beschäftigt war und ein Viertel in den 275 Städten lebte (Dresden hatte 45 000, Leipzig 30 000, Zittau 10 000, Chemnitz 8000 Einwohner). Sachsen begann sich in ein Industrieland zu verwandeln.

§ 89. Der bürgerliche Mittelstand gestaltete auch wesentlich die geistige Bildung. Sie beruhte noch überall auf der Verbindung theologischer und philologischer Gelehrsamkeit und fand ihren Mittelpunkt in den beiden Universitäten und den zahlreichen Lateinschulen (Ernestis Schulordnung 1773); gesonderte „Bürgerschulen" entstanden in den Städten meist erst seit 1805. Für bessere Vorbildung der Volksschullehrer begannen Seminarien zu sorgen (das erste in Dresden-Friedrichstadt 1788). Dagegen verlor Sachsen nach dem siebenjährigen Kriege seine leitende Stellung in der deutschen Litteratur an Weimar, obwohl Leipzig schon 1766 ein stehendes Theater erhielt, und ebenso in der bildenden Kunst, seitdem der nüchterne Klassicismus (Krubsacius, Oser) Rokoko und Barock verdrängte. Nur in der Musik gewann Leipzig tonangebende Bedeutung (Gewandhauskonzerte 1781). — Der wachsende Wohlstand und die feinere Bildung gestaltete auch das Leben namentlich in den Städten um. Die Häuser wurden behaglicher eingerichtet, vor den Thoren Gärten angelegt, die unnütz gewordenen Festungswerke in Promenaden umgewandelt. Die Geselligkeit beschränkte sich vorwiegend auf das Haus; das Leben war peinlich geregelt und äußerlich einförmig, Reisen wurden fast nur in Geschäften oder nach Bädern unternommen, und dem politischen Leben stand auch der Gebildete, weil er keinen Teil daran hatte, ohne wirkliches Verständnis und Interesse gegenüber. Erst gegen das Ende des Jahrhunderts kam mit der „Sturm- und Drangperiode" die Freude an kräftiger, freier Bewegung, die Wanderlust und die Freude an den Schönheiten des Gebirges („Entdeckung" der Sächsischen Schweiz).

§ 90. In seiner auswärtigen Politik schloß sich Friedrich August, da die erstarrte Reichsverfassung keinen festen Halt mehr gewährte, eng an Preußen an. Noch mehr befestigte sich dies Verhältnis durch die unruhige Eroberungspolitik Kaiser Josephs II. (1765—90).

Dieser ließ 1776 die Schönburgischen Lande als böhmische Lehen
militärisch besetzen und suchte nach dem Tode des letzten bayerischen
Wittelbachers Max Joseph (1777) Bayern an sich zu bringen. Da=
gegen verbündeten sich Preußen und Sachsen (wegen der Ansprüche
der Kurfürstenwitwe Maria Antonia (s. § 82) mit dem rechtmäßigen
Erben Karl August von Pfalz=Zweibrücken 1778. So begann der
bayerische Erbfolgekrieg 1778/79. Preußisch=sächsische Heere
rückten in Böhmen ein, aber ohne ernsten Kampf endete der Krieg
schon am 13. Mai 1779 mit dem Frieden von Teschen. Österreich
verzichtete auf seine Pläne und auf die böhmische Oberhoheit über
Schönburg. Sachsen wurde für seine Ansprüche durch 6 Millionen
Gulden entschädigt, die Friedrich August zur Begründung einer
Sekundogenitur für die jüngeren Prinzen seines Hauses verwendete.
Gegen abermalige Versuche Josephs II. schlossen Preußen, Sachsen
und Hannover zur Behauptung des Besitzstandes und der Reichsver=
fassung am 23. Juli 1785 den deutschen Fürstenbund, dem all=
mählich der größte Teil der deutschen Fürsten beitrat. Doch die
Hoffnung vieler, daß sich daraus eine Neugestaltung der Reichsver=
fassung entwickeln werde, erfüllte sich nicht, denn Friedrich der Große
starb schon 1786, und sein Nachfolger Friedrich Wilhelm II. ließ
den Fürstenbund fallen.

§ 91. Seitdem ohne feste Stütze suchte Friedrich August das
Heil seines Landes in der strengsten Neutralität. Er nahm des=
halb auch an den Verabredungen Preußens und Österreichs über
Frankreich in Pillnitz August 1791 keinen Anteil. Erst als das
Reich 1792 in den 1. Koalitionskrieg (1792/97) gegen das revolutionäre
Frankreich eintrat, stießen die sächsischen Truppen zum Reichsheeere
und fochten neben den Preußen rühmlich bei Pirmasens und Kaisers=
lautern, blieben auch nach dem preußisch=französischen Sonderfrieden
von Basel April 1795 im Felde und nahmen an der Schlacht bei
Wetzlar Juni 1796 teil. Noch in demselben Jahre schloß der Kur=
fürst indes mit den bis nach Franken vorgedrungenen Franzosen den
Neutralitätsvertrag von Erlangen am 13. August 1796. Seitdem
wurde Sachsen wie ganz Norddeutschland durch die preußische „Demar=
kationslinie" gedeckt. Umsonst bemühte sich dann Friedrich August auf
dem Friedenskongresse von Rastatt 1798/99 Teile des linken
Rheinufers für Teutschland zu retten und später nach dem zweiten
Koalitionskriege (1799—1801) die Vernichtung der geistlichen Fürsten=
tümer durch den Reichsdeputationshauptschluß 1803 zu verhindern,
der die alte Reichsverfassung thatsächlich schon zerschlug. Die Erhebung
Napoleons I. zum Kaiser der Franzosen 1804, die Nieder=
lage Österreichs 1805 (Mobilisierung des preußischen und sächsischen
Heeres), die Stiftung des Rheinbundes 17. Juli und die förmliche
Auflösung des heiligen römischen Reiches deutscher Nation
am 6. August 1806 brachten auch für Sachsen die entscheidende Um=
wälzung näher.

7. Die Napoleonische Zeit und ihre Nachwirkungen. König Friedrich August I. der Gerechte. Anton der Gütige. 1806—1830.

§ 92. Während Preußen noch mit Sachsen und Kurhessen über die Gründung eines norddeutschen Bundes verhandelte, kam es allzuschnell zum Kriege mit Frankreich. In der Schlacht bei Jena 14. Oktober 1806 erlagen die Preußen und Sachsen (unter Zezschwitz) trotz tapferster Gegenwehr der neuen Kriegsweise und der Übermacht der Franzosen (7000 Mann Sachsen gefangen). Die Trümmer der sächsischen Armee trennten sich auf dem verworrenen Rückzuge nach der Elbe schon in Mansfeld von den Preußen, und der Kurfürst schloß, jetzt von Preußen völlig ohne Schutz gelassen, Waffenstillstand mit Napoleon. Trotzdem mußte das Land schwere Brandschatzungen zahlen. Da nun gegen alle Erwartung der preußische Staat binnen wenigen Wochen ruhmlos zusammenbrach (27. Oktober Napoleon in Berlin) und die Reste des preußischen Heeres über die Weichsel zurückwichen, so schloß Friedrich August mit Napoleon den Frieden von Posen am 11. Dezember 1806. Sachsen wurde zum souveränen Königreich erhoben und erhielt zur Entschädigung für einige thüringische Ämter den preußischen Kreis Cottbus (s. § 67), 1807. mußte aber dem Rheinbunde beitreten und 6000 Mann gegen Preußen stellen. Nach dem Frieden von Tilsit am 9. Juli 1807 übertrug Napoleon dem König noch das aus den ehemaligen polnisch-preußischen Provinzen neugebildete Herzogtum Warschau. Dadurch verfeindete er Sachsen vollends mit Preußen und kettete es um so fester an das französische Weltreich, das zugleich mit Rußland im Bunde stand. Auch die öffentliche Meinung begann sich in großen Teilen Deutschlands mit der neuen Ordnung auszusöhnen, da ein deutsches Nationalgefühl nirgends vorhanden war.

§ 93. Doch verschmähte es der König, nach dem Beispiele der süddeutschen Rheinbundsfürsten seine neugewonnene Souveränität zum Umsturz der Landesverfassung zu benutzen. Nur das Heer gestaltete 1809. er nach französischem Muster um. Eine Probe legte dies dann 1809 im Kriege gegen Österreich ab, namentlich in der Schlacht bei Wagram 5./6. Juli. Währenddem brachen aber die schwarze Freischar des 1806 verjagten Herzogs Friedrich Wilhelm von Braunschweig und ein österreichisches Corps in Sachsen ein, so daß die königliche Familie über Leipzig und Eisenach nach Frankfurt a./M. flüchten mußte. Im Frieden von Preßburg am 14. Oktober 1809, der die Niederlage Österreichs besiegelte, erhielt Sachsen einige böhmische Enclaven in der Ober-Lausitz und die sächsischen Güter des aufgehobenen Deutschen Ritterordens; das nunmehrige Großherzogtum Warschau wurde durch das österreichische Westgalizien vergrößert.

§ 94. Eine Aussicht auf Erlösung aus der französischen Knechtschaft eröffnete erst der Krieg Napoleons mit Rußland 1812 (der Komet 1811). Für den ungeheuren Heereszug (Napoleon in Dresden) hatte Sachsen 21000 Mann mit 7000 Pferden und 68 Geschützen als 7. Armeecorps (Reynier) zu stellen, die mit den Österreichern gegen Südrußland vorgehen sollten. Dem Marsche des französischen Hauptheeres auf Moskau folgten nur 3 Reiterregimenter. Die schwere Reiterbrigade gewann dabei glänzenden Ruhm durch die Erstürmung der Rajewskischanze in der furchtbaren Schlacht bei Borobinó am 7. September und zog am 14. September mit Napoleon in Moskau ein. Von den Truppen Reyniers, die über Brest-Litowsk in Volhynien einzubringen versuchten, wurde die vereinzelte Brigade Klengel am 27. Juli bei Kobryn nach heldenmütiger Gegenwehr von den Russen gefangen, die Hauptmacht siegte am 12. August bei Podobna, wurde aber dann durch Regengüsse aufgehalten und mußte sich auf die Verteidigung des Großherzogtums Warschau beschränken. Die Reste der 3 Reiterregimenter (240 Mann) traten am 18. Oktober mit den Franzosen den entsetzlichen Rückzug aus Rußland an (Übergang über die Beresina 26. und 27. November) und schmolzen dabei bis auf 55 Mann zusammen. Reyniers Armeecorps wich erst nach dem Untergange des französischen Hauptheeres, nur noch 6000 Mann stark, hinter den Bug zurück (Napoleon in Dresden 14. Dezember).

§ 95. Der Untergang der französischen Heeresmacht gab das Zeichen zur allgemeinen begeisterten Erhebung des preußischen Volkes (Bündnis mit Rußland in Kalisch 28. Februar 1813). Auch in Sachsen regte sich die Sehnsucht nach Erlösung von dem furchtbaren Drucke (Theodor Körner); aber der Glaube an Napoleons „Stern" war noch keineswegs vernichtet, die Macht der Verbündeten erschien noch nicht stark genug, und ihre Absichten flößten Mißtrauen ein. Als sie daher hinter den langsam weichenden Franzosen (Sprengung der Dresdner Elbbrücke 19. März) in Sachsen einrückten, wich der König einer Entscheidung aus und reiste über Plauen nach Regensburg und Prag, um sich mit Bayern und Österreich zu einer freilich völlig aussichtslosen Vermittlung zu vereinigen. Er gab daher dem General Thielemann, der in Torgau die Armee reorganisierte, den Befehl, die Festung für beide Parteien zu sperren (Thielemanns Schwanken). Allein der blutige Sieg Napoleons bei Lützen (Großgörschen) am 2. Mai zwang die Verbündeten zum Rückzuge hinter die Elbe und nötigte den König, nach Dresden zurückzukehren und sich wieder dem drohenden Sieger anzuschließen. Die sächsischen Truppen nahmen daher noch an den blutigen Rückzugsgefechten mit den Verbündeten nach der Schlacht von Bautzen (20./21. Mai) teil, bis der Waffenstillstand von Poischwitz am 4. Juni dem Kampfe vorläufig ein Ende machte.

§ 96. Doch brachte diese Zeit neue Leiden über Sachsen. Ungeheure Heeresmassen lagen im Lande, Napoleon selbst hatte in Dresden sein Hauptquartier, Leipzig und Dresden waren mit Verwundeten überfüllt, das eigene Heer mußte fast ganz neu gebildet werden, und der Staatskredit war vollständig erschöpft. Endlich brachte der Ablauf des Waffenstillstandes und der Anschluß Österreichs an die Verbündeten am 12. August die Erneuerung des Krieges. Noch einmal siegte Napoleon am 26. und 27. August bei Dresden über die Hauptarmee der Verbündeten; allein die Niederlagen seiner Generale bei Großbeeren 23. August (herbe Verluste der Sachsen), an der Katzbach 26. August, bei Kulm 29./30. August und schließlich bei Dennewitz 6. September vereitelten die Vorstöße der Franzosen und nötigten Napoleon endlich, mit der Hauptmasse seines Heeres auf Leipzig zurückzugehen, wohin ihm Friedrich August folgte. In der breitägigen Völkerschlacht am 16., 18. und 19. Oktober fochten die Sachsen nur noch widerwillig in den französischen Reihen und gingen am Entscheidungstage zu den Verbündeten über, um die Selbständigkeit ihres Landes zu retten. Der verzweifelte Schritt kam zu spät. Nach der Erstürmung Leipzigs am 19. Oktober sandten die verbündeten Monarchen den König als ihren Gefangenen nach Friedrichsfelde bei Berlin und behandelten Sachsen als erobertes Land. Die Verwaltung übernahm anfangs der russische Fürst Repnin, seit dem November 1814 ein preußisches Gouvernement. Doch fiel Dresden, gänzlich ausgehungert, erst am 11. November 1813, Torgau und Wittenberg erst im Januar 1814. Zum Kriege gegen Frankreich stellte das erschöpfte Sachsen 20000 Mann Truppen, ebensoviel Landwehr und den sogenannten freiwilligen Banner. Sie wirkten in Belgien und vor Mainz mit und blieben auch nach dem (ersten) Pariser Frieden am 1814. 30. Mai 1814 (Zurückgabe des linken Rheinufers, Wiedereinsetzung der Bourbonen) zunächst im Rheinlande stehen.

§ 97. Das Schicksal des Landes wurde erst nach peinlicher Unsicherheit und heftigem Streit auf dem Wiener Kongreß entschieden. Um Preußen für seine polnischen Lande, die größtenteils an Rußland fielen, zu entschädigen, beschlossen die Großmächte am 1815. 10. Februar 1815 die Teilung Sachsens. Dem König Friedrich August blieben 272 □ Meilen; die größere Hälfte, 368 □ Meilen, fiel an Preußen (das albertinische Thüringen, der Kurkreis, die ganze Nieder-Lausitz und die nordöstliche Hälfte der Ober-Lausitz) und Sachsen-Weimar (der Neustädter Kreis, s. § 51, 52). Nach langem Zögern fügte sich der König, der inzwischen nach Preßburg über-
1815. gesiedelt war, diesen schmerzlichen Bedingungen am 18. Mai 1815. Ebenso trat er dem Kriegsbunde gegen den wieder heimgekehrten Napoleon und dem neugegründeten Deutschen Bunde bei und kehrte am 7. Juni, mit allgemeiner Freude empfangen, nach Dresden zurück. Zum Unglück gingen die sächsischen Truppen der Teilnahme an dem

ruhmvollen Siege Blüchers und Wellingtons bei Bellealliance (Waterloo) am 18. Juni 1815 verlustig, weil einige Abteilungen in Lüttich gegen Blücher gemeutert hatten.

§ 98. Das verkleinerte Sachsen übte zunächst auf die Beratungen des Bundestages in Frankfurt a. M. gar keinen Einfluß, sondern überließ die Leitung desselben an Österreich und Preußen, die durch die „heilige Allianz" noch enger unter sich verbunden waren. Um so fester schloß sich das sächsische Volk unter der neuen weiß=grünen Fahne um die ehrwürdige Persönlichkeit seines Königs zusammen. Verbittert durch schwere Erfahrungen sperrte es sich aber auch nach außen möglichst ab und erfüllte sich mit der tiefsten Abneigung gegen Preußen, womit sich wieder eine ungesunde, aber zähe bonapartistische Gesinnung verband. Unter so ungünstigen Verhältnissen begann gleichwohl sofort die rüstige Arbeit an der Wiederherstellung des furchtbar mitgenommenen Landes. Der Staatskredit war sehr bald wieder erneuert; das Heer wurde seit 1825 ausschließlich aus ausgehobenen Landeskindern (mit Stellvertretung) gebildet, erhielt 1822 auch ein neues Strafgesetzbuch. Zum Ersatz für das verlorene Annaburg (Lochau) wurde die Soldatenknaben=Erziehungsanstalt in Struppen, zur besseren Vorbildung der Offiziere die Militärakademie 1816 und für die Oberleitung 1830 der Generalstab gegründet. Dagegen blieben Verfassung und Verwaltung gemäß dem Sinne des greisen Königs unter der Leitung des streng=konservativen Kabinettsministers Grafen Detlev von Einsiedel fast unverändert. Nur die meißnische Stiftsregierung wurde mit dem erbländischen Geheimen Rate vereinigt; ebenso sandte seit 1817 die Oberlausitz Abgeordnete in den erbländischen Landtag, obwohl ihr Sonderlandtag in Bautzen weiter bestand. Der Wunsch nach Reformen äußerte sich in der Bevölkerung nur schwach, auch aus Rücksicht auf den greisen König, dessen fünfzigjähriges Regierungsjubiläum 1818 und goldne Hochzeit (mit Marie Amalie Auguste von Pfalz=Zweibrücken) 1819 unter allgemeinster Teilnahme begangen wurden.

§ 99. Als Friedrich August am 5. Mai 1827 verschied, folgte 1827. ihm sein greiser Bruder **Anton** Clemens Theodor (geb. 1755), der ebensowenig ein Bedürfnis nach einer Umgestaltung empfand. Allein ringsum war die politische Erregung unter dem Einflusse der fortwirkenden Ideen der französischen Revolution im Wachsen. Bereits hatten die süddeutschen Staaten konstitutionelle Verfassungen eingeführt, und überall begeisterte man sich für die revolutionären Erhebungen in Spanien, Italien und Griechenland. So erschienen die politischen Zustände Sachsens mehr und mehr als veraltet. Ebenso war die wirtschaftliche Lage des Landes unhaltbar. Zwar geschah durch die Regierung manches (194 Meilen Kunststraßen bis 1831, Eilpost zwischen Dresden und Leipzig 1823, Forstakademie in Tharandt 1816 unter Heinrich Cotta, polytechnische Schule in Dresden 1828), aber die großen Weltverhältnisse vermochte sie nicht zu beherrschen. Die Napoleonische Kontinentalsperre gegen England seit 1806 war dem sächsischen Gewerbfleiß zugute gekommen, weil sie die englische Konkurrenz abschnitt, hatte aber den sächsischen Handel schwer getroffen, und ihre Aufhebung nach Napoleons Sturze bahnte wieder der übermächtigen englischen Einfuhr den Weg. Einer allgemeinen Mißernte folgte dann das schwere Notjahr 1816/17, und die Gründung und Ausbreitung des preußischen Zollvereins seit 1818, sowie die Stiftung des bayerisch-württembergischen Zollvereins 1828 engten das Absatzgebiet für sächsische Erzeugnisse immer mehr ein. Die von Sachsen deshalb begünstigte Bildung eines mitteldeutschen Handelsvereins mit den thüringischen Staaten, Kurhessen, Hannover und Bremen 1828 erwies sich dagegen als wirkungslos.

1828.

8. Die Umgestaltung des sächsischen Staatswesens und die Begründung des neuen Deutschen Reichs. König Anton und Prinz Friedrich August. Friedrich August II. Johann.
1830—1873.

§ 100. Die Kunde von der Pariser Julirevolution (Sturz der Bourbonen, Louis Philipp „König der Franzosen"), rief alsbald auch in Sachsen revolutionäre Erhebungen hervor. Sie begannen in den größeren Städten (Leipzig 2. September, Dresden 9. September) und richteten sich zunächst nur gegen die veraltete Stadtverwaltung. Der König aber entließ den Grafen Einsiedel und berief den allgemein beliebten Prinzen Friedrich August zum Mitregenten („Vertrauen erweckt Vertrauen").* Für die Ueberwachung der Stadtverwaltung wurden „Kommunerepräsentanten" aus der Bürgerschaft eingesetzt, außerdem eine Kommunalgarde eingerichtet. Sodann aber vereinbarten die zum letztenmale versammelten alten Stände mit der Regierung (Prinz Johann, Bernhard von Lindenau) die neue Staatsverfassung, die am 4. Septbr. 1831 feierlich übergeben wurde. Das Königshaus verzichtete auf seine Krongüter zu gunsten des Staats gegen eine Zivilliste (damals 550 000 Thlr.); doch verblieben dem jeweiligen König die Schlösser und Sammlungen als ein untrennlich mit dem Lande verbundenes

1830.

1831.

---

* Friedrich August war der älteste Sohn des Prinzen Maximilian, eines Bruders des Königs Friedrich August, und der Prinzessin Karoline von Parma, geb. 18. Mai 1797. Er erhielt mit seinem jüngeren Bruder Johann, geb. 12. Dezember 1801 (der mittlere, Clemens, geb. 1798, starb schon 1822), unter der Leitung seines trefflichen Vaters († 1838) eine ausgezeichnete Erziehung inmitten eines durch Innigkeit ausgezeichneten Familienlebens, freilich auch unter dem schweren Drucke der Napoleonischen Zeit. Nach dem Tode seiner ersten Gemahlin Karoline von Österreich 1832 vermählte er sich 1833 zum zweiten Male mit Marie von Bayern, der Schwester der späteren Königin Elisabeth von Preußen und der Erzherzogin Sophie von Österreich (der Mutter Kaiser Franz Josephs I.).

Besitztum. Die Landesvertretung zerfiel in zwei Kammern; der ersten gehören die volljährigen königlichen Prinzen, die Mitglieder des hohen Adels, die Abgeordneten der Hochstifter Meißen und Wurzen, der Universität und des Kirchenregiments, eine Anzahl von ihren Standesgenossen gewählter oder vom König ernannter Rittergutsbesitzer sowie die Bürgermeister von acht größeren Städten an; die zweite wurde gebildet von 75 auf 6 Jahre gewählten Abgeordneten der Ritterschaft (20), der Städte (30) und der bisher gar nicht vertretenen Bauern (25).

§ 101. Mit Hilfe dieses neuen Landtags begann dann die Umgestaltung der Verwaltung. An Stelle des Geheimen Rats traten die sechs Fachministerien des Innern, der Justiz, des Kultus, der Finanzen, des Krieges und des Auswärtigen. Für die größeren Bezirke übernahmen 1835 die Kreisdirektionen in 1835. Dresden, Leipzig, Zwickau und Bautzen die Leitung. Auch die Oberlausitz trat unter die Verfassung des Gesamtstaats, obwohl sie ihren Sonderlandtag behielt. Die bisher getrennte Verwaltung der landesherrlichen und ständischen Finanzen war damit beseitigt, doch überwacht eine ständische Deputation die Verwaltung der Staatsschulden. Die Stadtverwaltung erhielt durch die Städteordnung von 1832 eine neue Ordnung (Stadtrat aus lebenslänglichen juristischen und aus auf 6 Jahre von der Bürgerschaft gewählten Mitgliedern, Stadtverordnete zur Überwachung der Verwaltung). Ebenso wurden die staatswirtschaftlichen und sozialen Verhältnisse gründlich umgestaltet. Das bisher überaus verwickelte Steuerwesen wurde auf drei allgemeine Steuern (Grundsteuer, Gewerbesteuer, Personalsteuer) gegründet; die Ablösung der bäuerlichen Lasten und die Aufhebung des Lehnsverbandes beseitigten drückende Reste des Mittelalters und schufen einen freien Bauernstand, dem die Landgemeindeordnung von 1838 die Selbstverwaltung seiner Angelegen- 1838. heiten übertragen konnte. Die Einheitlichkeit der Rechtspflege sicherte das Oberappellationsgericht mit vier Appellationsgerichten und das neue Strafgesetzbuch von 1838. Die Leitung der Landeskirche blieb dem Konsistorium in Dresden, als dessen Vertreter die Kirchen- und Schulräte bei den Kreisdirektionen eingesetzt wurden. Den evangelischen Charakter Sachsens wahrte die Bestimmung der Verfassung, die die Gründung neuer Klöster verbot. Das Volksschulwesen erhielt 1836 eine gesetzliche Grundlage. 1836.

§ 102. So umgestaltet trat Sachsen am 1. Januar 1834 in 1834. den deutschen Zollverein ein, der sich unter Preußens Leitung bereits über Bayern und Württemberg ausgedehnt hatte und nach dem Beitritte der thüringischen Staaten, Kurhessens, Badens, Nassaus und Frankfurts gegen 8200 ☐Meilen mit 25 Mill. Einw. umfaßte. Er verwandelte das außerösterreichische Deutschland in ein einheitliches Wirtschaftsgebiet, das Zölle nur an den Außengrenzen des Vereinsgebiets erhob, und bereitete dadurch die politische Neugestaltung Deutschlands unter der Führung Preußens aufs wirksamste vor.

§ 103. Nach dem Tode des greisen Königs Anton am 6. Juni 1836 bestieg **Friedrich August** II. den Thron (1836—54). Sachsen war in raschem Aufblühen. Die von alten Fesseln befreite Landwirtschaft ging von der Dreifelderwirtschaft zur ertragreicheren Fruchtwechselwirtschaft über.* Der Gewerbfleiß fand im weiten Zollvereinsgebiet einen offenen Markt und wandte sich mehr und mehr dem Dampfbetrieb zu, was wieder die Steinkohlenförderung steigerte; den Betrieb der Freiberger Silbergruben sicherte der Rotschönbergerstollen gegen Grubenwässer. Der Verkehr nahm einen ungeahnten Aufschwung. In der Münzkonvention von 1838 nahmen alle norddeutschen Staaten den preußischen Münzfuß an (1 Mark Silber fein = 14 Thaler = 20 Gulden); zu dem immer weiter sich ausdehnenden Straßennetz traten die Eisenbahnen, deren Erbauung der Staat anfangs an Aktiengesellschaften überließ (Leipzig-Dresden, die erste größere Linie in Deutschland, 1839 vollständig eröffnet; Überbrückungen des Gölzsch- und Elsterthales), und die Dampfschiffahrt auf der Elbe (Gründung der sächsisch-böhmischen Dampfschiffahrtsgesellschaft 1837). So stieg die Einwohnerzahl von 1 595 000 E. 1834 auf 2 Millionen 1855, die Dichtigkeit der Bevölkerung auf 1 Quadratmeile von 5800 auf 7500 E.

§ 104. Auch am Aufschwunge des deutschen Geisteslebens nahm Sachsen regen Anteil. Das religiöse Leben gewann unter den schweren Erfahrungen der Napoleonischen Zeit wieder eine gläubigere Richtung, die sich in der Begründung der sächsischen Bibelgesellschaft 1814, der evangelisch-lutherischen Missionsgesellschaft 1819 und des Gustav-Adolf-Vereins 1832 (1842) sowie in der allgemeinen Feier der großen reformatorischen Erinnerungsfeste 1817 und 1830 äußerte. Die Leipziger Universität verlor zwar ihre veraltete Verfassung, behauptete aber ihren guten Ruf (der Philolog G. Hermann). Ihr zur Seite trat die sächsische Gesellschaft der Wissenschaften 1846. Die Gelehrtenschulen erhielten durch das Regulativ von 1846 eine neue zeitgemäße Ordnung. In der

---

* Die im ganzen Mittelalter und bis in unser Jahrhundert hinein herrschende Dreifelderwirtschaft teilt die gesamte Dorfflur in zwei Teile. Der eine Teil bleibt als Weide und Wald unbebaut liegen, der zweite, dem Dorfe näher gelegene, wird in drei „Felder" geteilt und von diesen abwechselnd das eine mit Winterkorn, das zweite mit Sommerkorn bestellt, während das dritte als Brache „ruht". Das Vieh ist wesentlich auf den Weidegang angewiesen, der Dünger geht also größtenteils verloren. Bei der Fruchtwechselwirtschaft wird die ganze Flur, abgesehen von Wiesen und Wäldern, unter den Pflug genommen und in den verschiedenen Abteilungen abwechselnd mit Winterkorn, Sommerkorn und Futterkräutern bestellt. Damit verbindet sich die Stallfütterung. So lange die Weiderechte der Grundherren, also die bäuerlichen Abhängigkeitsverhältnisse, bestanden, war die Fruchtwechselwirtschaft unmöglich.

Litteratur bildete zuerst Dresden (Christian Tiedge, Ludwig Tieck), später Leipzig (das „junge Deutschland") einen weithin wirksamen Mittelpunkt. In der Kunst behauptete Leipzig seinen alten Vorrang als Musikstadt, aber auch das Hoftheater in Dresden öffnete sich der deutschen Oper unter K. M. v. Weber seit 1817 und dem deutschen Schauspiel, und erlebte dann in dem neuen prächtigen Hause seine schönste Zeit. Zugleich nahm die bildende Kunst in Dresden einen glänzenden Aufschwung (Gottfried Sempers Hoftheater und Museum, die Bildhauer Ernst Hähnel und Ernst Rietschel, die Maler Schnorr v. Carolsfeld, Ludwig Richter und Ernst Bendemann). Das königliche Haus beteiligte sich eifrig an diesem Geistesleben (botanische Forschungen des Königs, Prinz Johanns Danteübersetzung, die Lustspiele der Prinzessin Amalie).

§ 105. Allein hinter dieser gedeihlichen Entwickelung der Kultur blieben die politischen Zustände in Sachsen selbst und vor allem die Gesamtverfassung Deutschlands weit zurück. Die liberale Partei, die sich zuerst auf dem Landtage von 1836 zeigte, verlangte in ersterer Beziehung besonders Beseitigung der Zensur, der drückenden Jagdgerechtsame und der Patrimonialgerichtsbarkeit, zunächst ganz vergeblich (Rücktritt Lindenaus). Das alte Mißtrauen gegen katholische Umtriebe (blutige Auftritte in Leipzig bei der Anwesenheit Prinz Johanns 1845) und das schwere Notjahr 1846/47 verbitterten die Stimmung noch mehr. In den allgemeinen deutschen Verhältnissen genügte die lose Bundesverfassung dem Bedürfnis einer kräftigen Vertretung nach außen so wenig, daß die Überzeugung von der Notwendigkeit einer starken Zentralgewalt ganz allgemein wurde. Doch bestand nirgends eine feste Ansicht über die Art der Reform. So verbanden sich unzertrennlich die Bestrebungen nach größerer Freiheit in den Einzelstaaten und nach festerer Einheit Gesamtdeutschlands.

§ 106. Daher brach auf die Kunde von der Pariser Februarrevolution (Sturz Louis Philipps, Frankreich Republik) auch in Deutschland überall die revolutionäre Bewegung aus, und Schleswig-Holstein erhob sich gegen Dänemark.* In Sachsen hob daher der König die Zensur vorläufig auf und berief die Führer der Liberalen, Braun und Oberländer, zu Ministern (15. März). 1848.

---

* Die Herzogtümer Schleswig und Holstein waren seit 1460 mit dem Königreich Dänemark unter demselben Herrscherhause verbunden, bildeten aber einen selbständigen Staat, obwohl nur Holstein zum Deutschen Reiche (Bunde) gehörte. Um die Verbindung der Herzogtümer mit Dänemark für alle Zeiten zu sichern, strebte die sogenannte eiderdänische Partei darnach, mindestens Schleswig dem dänischen Reiche ganz einzuverleiben und für den Fall, daß die männliche Linie des regierenden Hauses aussterben sollte, die Nachfolge in Dänemark und Schleswig-Holstein der Glücksburgischen zu sichern, während in diesem Falle die Augustenburger in den Herzogtümern erbberechtigt waren. Den Anstoß zur Erhebung gab der Sieg der Eiderdänen in Kopenhagen nach dem Regierungsantritte Friedrichs VII. im Januar 1848.

Unter dem Eindrucke der siegreichen Revolution in Wien (13. März) und Berlin (18. März) bildeten sich darauf im ganzen Lande zahllose politische Vereine, meist von demokratisch-republikanischer Richtung. Dieser gehörten daher auch weitaus die meisten der sächsischen Abgeordneten zur deutschen Nationalversammlung in Frankfurt an (R. Blum), die für Deutschland eine neue Verfassung beraten sollte. An Stelle des Bundestages trat dort vorläufig (29. Juni) eine provisorische Zentralgewalt unter dem Erzherzog Johann von Österreich als Reichsverweser. Inzwischen nahm der sächsische Landtag eine Reihe von Gesetzen über Preßfreiheit, Vereins- und Versammlungsrecht und die Einführung von Schwurgerichten rasch an und gestaltete das Wahlgesetz zum Landtage in demokratischem Sinne um. Am 17. November entließ der König zum letztenmale die alten Stände. — Bereits war aber damals überall die Wendung gegen die Revolution eingetreten (Unterwerfung Wiens 31. Oktober, Auflösung des preußischen Landtags 5. Dezember). Daher lehnte Friedrich Wilhelm IV. von Preußen die ihm von der Nationalversammlung angebotene Wahl zum „Kaiser der Deutschen" (28. März) als revolutionär ab (3. April 1849) und wies damit auch die aufgestellte Reichsverfassung zurück. Die größeren deutschen Regierungen folgten diesem Beispiele. Nun versuchten die revolutionären Parteien die Erregung darüber gegen die Regierungen auszubeuten, um unter dem Deckmantel der Reichsverfassung republikanische Pläne durchzusetzen. Als die Mehrheit des Landtages dies auch in Sachsen versuchte, löste ihn der König am 28. April auf und berief ein neues Ministerium. Das gab den Anstoß zum Maiaufstande in Dresden, den die wenig zahlreichen Truppen nur mit preußischer Hilfe und erst nach blutigem Kampfe zu überwältigen vermochten (3.—9. Mai). Harte Strafen folgten. Kurz darnach löste sich auch die Nationalversammlung auf (das „Rumpfparlament" in Stuttgart). — Währenddem hatte die sächsische Brigade, die unter dem General von Heintz in Schleswig gegen die Dänen focht, an der Erstürmung der Düppeler Schanzen am 13. April ruhmvoll mitgewirkt (Prinz Albert), aber der Waffenstillstand von Berlin am 10. Juli gab Schleswig wieder den Dänen preis.

§ 107. An den verspäteten Versuchen Preußens, die deutschen Staaten außer Österreich in einem engeren Bündnis zusammenzufassen, beteiligte sich Sachsen unter der Leitung des Ministers Friedrich v. Beust nur im Anfange (Dreikönigsbündnis oder Union zwischen Preußen, Sachsen und Hannover am 26. Mai 1849), trat aber 1850 zurück und unterstützte die Wiederherstellung des Bundestages. Der Landtag, der dem widerstrebte, wurde am 1. Juni aufgelöst und am 3. Juni das alte Wahlgesetz von 1831 ohne ständische Zustimmung wieder eingeführt (die „reaktivierten Stände"). Daher stand Sachsen in dem Streite zwischen Österreich und Preußen über

Kurhessen mit den übrigen Mittelstaaten auf der Seite Österreichs, und die sächsischen Truppen sammelten sich bei Großenhain. Nur die schwachmütige Nachgiebigkeit Preußens, das in Olmütz (Novbr. 1850) seine Union formell aufzulösen versprach und Kurhessen wie Schleswig-Holstein preisgab, verhinderte den Krieg. Das Londoner Protokoll 1852 erkannte später das Erbrecht der Glücksburger auch in Schleswig-Holstein an, und Herzog Christian August von Augustenburg leistete gegen eine Abfindungssumme Verzicht auf seine Rechte; in Kurhessen wurde die Verfassung von 1831 aufgehoben. In den Dresdner Konferenzen wurde darauf die einfache Wiederherstellung des Bundestages allgemein anerkannt (Mai 1851). Die volks- 1851. tümliche deutsche Einheitsbewegung war also vollständig gescheitert. Dagegen gelang es Preußen 1853, den Zollverein auf 1853. weitere 12 Jahre zu erneuern und ihm 1854 auch die Staaten 1854. des „deutschen Steuervereins" (Hannover, Braunschweig, Oldenburg) anzuschließen. Kurz nach dieser wichtigen Entscheidung fand Friedrich August auf einer Reise in Tirol bei Brennbüchl unweit Imst im obern Innthale durch einen Sturz aus dem Wagen einen vielbeklagten allzufrühen Tod am 9. August 1854.

§ 108. Sein Nachfolger **Johann** (1854—73) betrachtete als seine dringendste Aufgabe die Vollendung der Reformen. Die Rechtsprechung ging 1856 unter Aufhebung der Patrimonial- und 1856. Stadtgerichte auf die königlichen Bezirksgerichte (15) und Gerichtsämter (107) über und empfing neue Regeln durch das Strafgesetzbuch von 1856 und das bürgerliche Gesetzbuch von 1865. Das Heer wurde 1865. unter dem Kriegsminister Rabenhorst gründlich umgestaltet und beträchtlich vermehrt. Die Ablösung der bäuerlichen Lasten wurde 1858 durch die Aufhebung der gutsherrlichen Jagdrechte vervollständigt. 1858. Ebenso befreite das Gewerbegesetz von 1861 das Gewerbe von dem 1861. Innungszwange und den alten Bannrechten (s. § 32), wobei Handels- und Gewerbekammern die Vertretung des Gewerbestandes übernahmen. Der Elbverkehr wurde 1863 von allen Zöllen befreit, durch Ver- 1863. besserung des Stromlaufs erleichtert und nahm besonders seit Einführung der Kettenschleppschiffahrt 1869 einen großartigen Aufschwung. Das Eisenbahnnetz erweiterte sich rasch zu einem der dichtesten Deutschlands; dazu traten der elektrische Telegraph und die Einführung der Briefmarke (schon 1850). Für die **Volkswohlfahrt** sorgten zahlreiche neue Armenvereine und Armenhäuser, die Errichtung des Landesmedizinalkollegiums 1865, der Altersrentenbank 1858 und die rasch sich vermehrenden Sparkassen. Die **Landeskirche** empfing 1868 eine neue Kirchen- und Synobalordnung und hielt 1871 ihre 1868. erste Landessynode ab. Die Universität Leipzig schwang sich, dank der persönlichen Fürsorge des Königs, der sie mehrfach besuchte, unter dem Kultusminister P. v. Falkenstein wieder zu einer der ersten in Deutschland auf. Die sehr vermehrten Seminare erhielten 1857, die Realschulen 1860 Regulative; für bessere Pflege des Turnunterrichts sorgte die Turnlehrerbildungsanstalt in Dresden (seit 1850). Von dem Gedeihen des Landes legte die rasche Zunahme der Bevölkerung (2344000 Einwohner 1864), des Staatsvermögens und der Staatseinnahmen Zeugnis ab.

§ 109. Allein die **politische Lage Sachsens** wurde immer unsichrer. Denn mehr und mehr brach sich die Überzeugung Bahn, daß der wiederhergestellte Deutsche Bund den Bedürfnissen der Nation noch weit weniger als früher genüge, zumal gegenüber dem zweiten französischen Kaiserreiche (Napoleon III. 1852—70) und den von ihm ausgehenden Plänen. Allerdings ließ sich Deutschland weder in den Krimkrieg (1853—56), noch in den italienischen Krieg 1859 (Österreich gegen Frankreich und Piemont; Königreich Italien 1861) verwickeln; aber während des letzteren wurden doch alle Bundestruppen in Kriegsbereitschaft gesetzt, und das deutsche Nationalgefühl erhielt einen mächtigen Anstoß zu Österreichs Gunsten (Durchzug von 60000 Österreichern von Böhmen durch Sachsen nach Italien). In demselben Jahre noch trat es bei der Feier des hundertjährigen Geburtstages Fr. Schillers am 10. November imponierend hervor. Doch über die Wege, zu einer strafferen Einheit Deutschlands zu kommen, gingen die Meinungen weit auseinander. Österreich wünschte die Fortdauer des bestehenden Zustandes, so lange es mit Hilfe der Mittelstaaten Preußen am Bundestage überstimmen konnte; in den Mittelstaaten, namentlich in Sachsen, erstrebte man eine engere Vereinigung der mittleren und kleineren Staaten, um ihre Selbständigkeit gegenüber den beiden Großmächten zu wahren (Trias). Das Ziel der preußischen Politik war, seitdem Prinz Wilhelm 1858 an Stelle des schwer erkrankten Königs († 1861) die Regentschaft übernommen hatte, und namentlich seit dem Eintritte Otto von Bismarcks ins preußische Ministerium (September 1862) in erster Linie die Gleichberechtigung Preußens mit Österreich am Bundestage, in zweiter die Verwandlung des außerösterreichischen Deutschland in einen Bundesstaat auf Grund des Zollvereins. Demgemäß wurde Sachsen mehr auf Österreichs Seite gedrängt. Allein die verschiedenen Reformanträge der Mittelstaaten seit 1861 hatten keinen Erfolg, und der Versuch Kaiser Franz Josephs I., unter dem mächtigen Eindrucke des 3. allgemeinen deutschen Turnfestes in Leipzig, auf dem Fürstentage 1863. in Frankfurt (August 1863) die Bundesreformfrage in österreichisch-mittelstaatlichem Sinne zu lösen, scheiterte an dem Widerspruche König Wilhelms von Preußen, den auch König Johanns Sendung nach Baden-Baden nicht zu beugen vermochte. Gleichwohl bewies die Erneuerung des Zollvereins auf 12 Jahre Juni 1864 die Festigkeit des preußisch-deutschen Wirtschaftsbundes.

§ 110. Während nun die Gegensätze sich verschärften und die Erregung wuchs, tauchte die **schleswig-holsteinische Frage** abermals auf. Bereits hatte der Bundestag die Exekution gegen den König von Dänemark als Herzog von Holstein beschlossen, um ihn

zum Verzicht auf die geplante rechtswidrige Trennung Schleswigs
von Holstein zu zwingen, da erlosch mit dem Tode Friedrichs VII.
am 15. November 1863 die Linie, deren Erbrecht in Dänemark und 1863.
Schleswig-Holstein unbestritten feststand (s. § 106, 107). Sofort
wachten die Ansprüche der Augustenburger Linie (Friedrich VIII.) auf
Schleswig-Holstein wieder auf. Gebunden an das Londoner Protokoll
(s. § 107), waren die beiden deutschen Großmächte bereit, Friedrichs VII.
Nachfolger Christian IX. (von Glücksburg) auch als Herzog von
Schleswig-Holstein anzuerkennen, falls er nur auf die beschlossene
Einverleibung Schleswigs in Dänemark verzichte; die Mittelstaaten
dagegen, von der tief erregten öffentlichen Meinung gedrängt, wünschten
Friedrich (VIII.) zum Herzog von Schleswig-Holstein zu erheben
und dadurch zugleich die Verbindung der Herzogtümer mit Dänemark
zu lösen. Zunächst kam die Bundesexekution zur Ausführung,
indem 12000 Mann Sachsen und Hannoveraner unter dem königlich
sächsischen General v. Hake Holstein Ende Dezember 1863 ohne
Widerstand besetzten. Da indes die Mittelstaaten den preußisch-
österreichischen Antrag, auch Schleswig zu besetzen, aber nur um die
Anerkennung des Londoner Protokolls zu erzwingen, am 14. Januar 1864 1864.
ablehnten, so nahmen die beiden Großmächte die Angelegenheit selbst-
ständig in die Hand und eröffneten am 1. Februar mit dem Über-
gange über die Eider den Krieg gegen Dänemark (Räumung des
Danevirke, Erstürmung der Düppeler Schanzen 18. April, Einmarsch
in Jütland). Erst als Dänemark in den Londoner Verhandlungen
(Beust Vertreter des Deutschen Bundes) jedes Zugeständnis ablehnte,
vollendeten die Preußen und Österreicher die Eroberung Schleswigs
(Übergang nach Alsen 29. Juni) und Jütlands und erzwangen im
Frieden von Wien am 30. Oktober 1864 die Abtretung
Schleswig-Holsteins und Lauenburgs. Die Bundesexekution
war damit gegenstandslos geworden, die Sachsen und Hannoveraner
kehrten daher im Dezember in ihre Heimat zurück.

§ 111. Eben die Frage aber, ob die Herzogtümer unter Ver-
mittelung des Bundes als selbständiger Staat an Friedrich (VIII.)
übergeben werden oder in die engste Verbindung mit Preußen treten
sollten, lockerte das Bündnis zwischen Preußen und Österreich trotz
der Gasteiner Konvention im August 1865. Bereits im März 1866 1865.
begannen überall, auch in Sachsen, die Rüstungen. Zugleich verflocht
sich damit die Bundesreformfrage. Denn Preußen stellte bereits
am 9. April in Frankfurt den Antrag auf Berufung eines deutschen
Parlaments. Endlich, nach vergeblichen Ausgleichsversuchen der
Mittelstaaten, führten die Erklärung Österreichs am 1. Juni, daß es die
schleswig-holsteinische Sache dem Bunde zur Entscheidung überweise, und
der preußische Bundesreformplan vom 10. Juni, der Österreich vom
Bunde ausschloß, die Entscheidung herbei. Denn am 14. Juni nahm
der Bundestag den (bundeswidrigen) Antrag Österreichs, sämtliche
außerpreußische Bundestruppen gegen Preußen zu mobilisieren, mit

unsicherer Mehrheit an, Preußen aber erklärte seinen Austritt aus dem Bunde und forderte am 15. Juni Sachsen, Hannover und Kurhessen auf, gegen Verbürgung ihres Besitzstandes abzurüsten und den preußischen Bundesreformplan anzunehmen. Da alle drei Staaten dies verweigerten, so erfolgte noch an demselben Tage die Kriegserklärung.

§ 112. Die sächsische Armee (32000 Mann mit 68 Geschützen) stand wohlgerüstet unter dem Oberbefehl des Kronprinzen Albert* in starker Stellung bei Dresden, konnte sie aber nur behaupten, wenn die Österreicher rechtzeitig zu Hilfe kamen. Da dies nicht geschah, vielmehr die Vortruppen der preußischen Elbarmee und der II. Armee schon am 16. Juni die Grenze Sachsens überschritten, so wurde der Rückzug nach Böhmen angetreten, dem König Johann folgte. Ebenso gelang es, das ganze Armeematerial, die Kassen und die Lokomotiven der Staatsbahnen zu retten. Für die Verwaltung blieb eine Landeskommission unter dem Minister Falkenstein zurück. Bereits am 18. Juni besetzte die Elbarmee Dresden; doch blieb die Landesverwaltung gegen Zahlung von täglich 10000 Thlr. ungestört, und das Land wurde überhaupt nur noch von Einquartierungen und Durchmärschen betroffen, Dresden indes später befestigt.

§ 113. Die Entscheidung fiel in Böhmen. Hier hatten die Sachsen in heißen Märschen die Iser zwischen Jungbunzlau und Münchengrätz erreicht. Aber die Niederlagen der österreichischen Vortruppen an der Iser und an der schlesischen Grenze (gegen Kronprinz

1866. Friedrich Wilhelm von Preußen) machten die Iserlinie unhaltbar und erzwangen den Rückzug nach Südosten. Erst bei Gitschin am 29. Juni kamen die Sachsen ins Gefecht (die Brigade „Kronprinz" bei Diletz), mußten aber trotz tapferster Gegenwehr unter herben Verlusten (27 Offiziere, 587 Mann) die Stellung aufgeben und sich auf die österreichische Hauptmacht bei Königgrätz zurückziehen. In der gewaltigen Entscheidungsschlacht des 3. Juli bildeten sie auf dem Höhenrande von Prschim und Problus den äußersten linken Flügel und leisteten anfangs der Elbarmee erfolgreichen Widerstand. Erst als die Österreicher von der Armee des Kronprinzen von Preußen völlig umgangen wurden und in Auflösung nach der Elbe zurückwichen, traten auch die Sachsen nach schweren Verlusten (59 Offiziere, 1489 Mann) in fester Ordnung den Rückzug an (Kronprinz Albert im 1. Jägerbataillon) und gingen bei Pardubitz über die Elbe. Die königliche Familie folgte den Truppen von Prag nach Wien.

---

* Prinz Albert, ältester Sohn des Königs Johann aus der Ehe mit Amalia von Bayern, geb. am 23. April 1828, erhielt nach den Anweisungen des Vaters durch den Geheimrat von Langenn eine gründliche, vielseitige und vorurteilsfreie Erziehung. Sein frühzeitig erwachender militärischer Sinn führte ihn 1849 mit nach Schleswig und bewährte sich dann auf allen Staffeln seiner militärischen Laufbahn. Am 18. Juni 1853 vermählte er sich mit Carola, der Tochter des Prinzen Gustav von Wasa (geb. 5. August 1833).

§ 114. Zu weiteren ernsten Kämpfen kam es indessen nicht, vielmehr machte zunächst der Vorfriede von Nikolsburg am 26. Juli, dann der Friede von Prag am 23. August dem Kriege ein Ende. Er wahrte für Sachsen, vorbehältlich seines Eintritts in den Norddeutschen Bund, den vollen Besitzstand, da Österreich dies zur Bedingung machte und Graf Bismarck einer französischen Einmischung durch raschen Friedensschluß zuvorkommen wollte. Beust nahm seine Entlassung und wurde durch Richard von Friesen ersetzt. Doch kam der förmliche Friede zwischen Sachsen und Preußen erst am 21. Oktober in Berlin zustande. Sachsen trat dem zu gründenben Norddeutschen Bunde bei, organisierte seine Truppen als XII. Armeecorps nach preußischem Muster, überließ Post- und Telegraphenwesen an den Bund und zahlte 10 Millionen Thaler Kriegsentschädigung. Bis zur völligen Umgestaltung des sächsischen Heerwesens blieben preußische Truppen in den wichtigsten Städten und auf dem Königstein. Am 26. Oktober kehrte König Johann nach Pillnitz zurück, am 3. November hielt er seinen Einzug in Dresden. Seine Proklamation „an meine Sachsen"* und seine Reise (mit dem Kronprinzen) nach Berlin am 17. Dezember leiteten das neue Bundesverhältnis aufs hoffnungsreichste ein.

§ 115. Mit dem Ausscheiden Österreichs aus dem deutschen Bunde war die deutsche Frage gelöst und der Boden für eine Neugestaltung unter Führung des von 5100 auf 6400 Quadratmeilen vergrößerten Preußen geebnet. Am 17. April 1867 nahm der erste Norddeutsche Reichstag die Verfassung des Norddeutschen Bundes an. Ein Gebiet von 7500 ☐ Meilen mit 30 Mill. Einwohnern wurde dadurch in den wichtigsten Beziehungen (Heer und Marine unter dem Oberbefehle des Königs von Preußen als „Bundes-Feldherrn", Post- und Telegraphenwesen, Gesetzgebung in Handels- und Gewerbesachen sowie im Strafrecht, Vertretung nach außen) unter preußischer Leitung einheitlich geordnet. Im Bundesrate erhielt Sachsen 4 Stimmen von 43, in den Reichstag sandte es 23 Abgeordnete. Das Heer wurde auf Grund der allgemeinen Wehrpflicht unter Leitung des Kriegsministers Alfred von Fabrice bis 1870 auf 29 Bataillone Infanterie, 6 Reiterregimenter und 96 Geschütze gebracht und daneben eine Landwehr errichtet. Zugleich wurde Leipzig 1869 der Sitz des Bundesoberhandelsgerichts.

§ 116. Während sich diese Neugestaltungen im Norden ruhig vollzogen und der Zusammenhang des Norddeutschen Bundes mit den süddeutschen Staaten durch die Schutz- und Trutzbündnisse vom August 1866 und den Zollverein gesichert wurde, bereitete sich in der Stille der Krieg gegen Frankreich vor. Denn die Eifersucht

---
* „Mit derselben Treue, mit welcher ich zum alten Bunde gestanden, werde ich zur neuen Verbindung halten."

des französischen Volkes auf das Emporwachsen einer starken deutschen Macht nötigte Napoleon III. zu dem Versuche, seinen wankenden Thron durch einen großen auswärtigen Erfolg zu befestigen. Nachdem verschiedene Verhandlungen (die Luxemburger Frage 1867) nicht zum Ziele geführt hatten, benützte er die Berufung des Prinzen Leopold von Hohenzollern auf den spanischen Thron zur überraschen-

1870. den **Kriegserklärung an Preußen am 19. Juli 1870**, wobei er auf Spaltungen in Deutschland und den Beistand Österreichs und Italiens rechnete. Allein das deutsche Volk scharte sich mit seinen Fürsten in einmütiger Begeisterung um König Wilhelm von Preußen, der sofort den Befehl über alle deutsche Truppen übernahm (H. v. Moltke Generalstabschef). Am 16. Juli begann auch in Sachsen die Mobilisierung, bald darauf der Durchzug des V. und VI. preußischen Armeecorps. Zu Anfang August sammelten sich die Truppen des XII. (königl. sächsischen) Armeecorps unter dem Oberbefehle ihres bewährten Führers, des Kronprinzen Albert, um Mainz, um als Teil der II. deutschen Armee unter Prinz Friedrich Karl von Preußen in Frankreich einzurücken. Schon befanden sich die Franzosen nach ihren Niederlagen bei Weißenburg (4. August), Wörth und Saarbrücken (6. August) auf dem Rückzuge nach Chalons und Metz. Hier ließ sich Marschall Bazaine durch die Schlachten von Courcelles (14. August) und Mars-la-Tour (16. August) festhalten und wurde dann am 18. August westlich von Metz bei St. Privat und Gravelotte von den Deutschen unter dem Oberbefehle König Wilhelms angegriffen. Den blutigen Sieg entschieden am Abend die Sachsen mit die preußischen Garden mit der Erstürmung von St. Privat, dem Stützpunkte des rechten französischen Flügels. Bazaine wurde in Metz vom Prinzen Friedrich Karl eingeschlossen, Kronprinz Albert aber übernahm den Oberbefehl über die neugebildete Maasarmee (Gardecorps, IV. und XII. Armeecorps), während sein Bruder Prinz Georg seitdem das XII. Armeecorps führte. Die Maasarmee trat neben dem Kronprinzen Friedrich Wilhelm von Preußen den Vormarsch nach Chalons an, wo man das zweite französische Heer unter Mac Mahon vermutete. Statt dessen ergab sich, daß der Marschall mit dem Kaiser nach Metz hin abmarschiert sei, um Bazaine zu entsetzen. Allein die Deutschen schwenkten nordwärts und stellten sich ihm in den Weg. Nach mehreren einzelnen Gefechten mit sächsischen Truppen (bei Buzancy 27. August und Nouart 29. August) wichen die Franzosen nordwärts nach der Maas zurück. Dabei erreichte und schlug sie Kronprinz Albert bei **Beaumont** am 30. August und griff sie dann, die Maas überschreitend, am 1. September in ihrer Stellung um Sedan von Osten her an, während Kronprinz Friedrich Wilhelm sie von Süden und Westen her umfaßte. Am Abend war der ruhmvollste Sieg der deutschen Geschichte entschieden. Napoleon III. ergab sich an König Wilhelm, und am 2. September lieferte die Kapitulation von Sedan die ganze französische

Armee in deutsche Kriegsgefangenschaft. Unermeßlicher Jubel erfüllte 1870. ganz Deutschland.

§ 117. Die Hoffnung indes, der Krieg werde mit dem Siege von Sedan zu Ende sein, verwirklichte sich nicht. Die französische Republik, die am 4. September in Paris verkündet wurde, setzte unter Gambettas Leitung den Kampf fort. Er drehte sich vor allem um Paris. Hier standen die Sachsen seit dem 19. September im Nordosten der Riesenfestung und wiesen am 30. November und 2. Dezember in dem furchtbar blutigen Kampfe bei Brie und Villiers mit den Pommern und Württembergern den ersten großen Ausfall der Pariser zurück. Sodann bemächtigten sie sich nach heftiger Beschießung am 27. Dezember des Mont Avron und eröffneten darauf die Beschießung der Ostforts selbst. Ein letzter Ausfall der Pariser am 19. Januar 1871 blieb ebenso vergeblich, wie nach dem Falle von Metz (28. Oktober) die Versuche der französischen Provinzialheere, die Hauptstadt zu entsetzen. An deren siegreicher Abwehr nahmen auch einzelne sächsische Truppenkörper teil, wie an den Schlachten bei Belfort 15./17. Januar und St. Quentin 18./19. Januar. So wurden am 28. Januar der Waffenstillstand und die Kapitulation von Paris abgeschlossen und die Außenforts den deutschen Truppen übergeben.

§ 118. Inzwischen hatten sich in langen Beratungen die deutschen Regierungen über die **Erneuerung des Deutschen Reiches** (durch den Anschluß der süddeutschen Staaten an den Norddeutschen Bund) geeinigt. Am 9. Dezember 1870 nahm der Reichstag die Verträge an, und auf besondere Veranlassung König Ludwigs II. von Bayern und König Johanns von Sachsen wurde am 18. Januar 1871 König 1871. Wilhelm von Preußen im Schlosse von Versailles zum erblichen Deutschen Kaiser ausgerufen. Am 3. März unterzeichnete Kaiser Wilhelm den Vorfrieden von Versailles, der den Elsaß und Deutsch-Lothringen mit Metz dem Deutschen Reiche zurückgab; dann kehrte er nach der Heimat zurück (Kaiserparade der Sachsen bei Brie und Villiers). Kronprinz Albert blieb noch einige Zeit als Oberbefehlshaber der deutschen Besatzungstruppen in Frankreich zurück, während der sächsische Kriegsminister A. von Fabrice als kaiserlicher Generalgouverneur die Verwaltung leitete. Nach dem Frieden von Frankfurt am 10. Mai zogen auch die Sachsen heim. Der Kronprinz, vom Kaiser mit dem Eisernen Kreuze und dem Feldmarschallstabe geschmückt, nahm sodann mit Prinz Georg an dem Triumpheinzuge in die Reichshauptstadt Berlin am 16. Juni teil und hielt am 12. Juli an der Spitze des sächsischen Armeecorps seinen Siegeseinzug in Dresden. So war der Traum und die Sehnsucht von Jahrhunderten glorreich erfüllt. Die Erneuerung des Deutschen Reiches hat den deutschen Stämmen und Staaten unter Wahrung ihrer Eigenart ein gemeinsames Vaterland und einen starken Schutz gegeben und der europäischen Staatenordnung den festen Schlußstein eingefügt.

§ 119. Die stille Friedensarbeit ruhte währenddem keineswegs. Für die Pflege der Verwundeten und Kranken im Felde hatte die Kronprinzessin Carola schon 1867 den segensreich wirkenden Albertverein als ein Glied des allgemeinen deutschen Vereins vom roten Kreuz begründet. Die neuen Reichsgesetze (Reichsstrafgesetzbuch 1870, Reichsgewerbeordnung) verursachten mannigfache Umgestaltungen. Zugleich 1873. wurde 1873 eine revidierte Städte- und Landgemeindeordnung erlassen und die ganze Verwaltung auf Grund einer ausgedehnten Teilnahme der Grundbesitzer umgestaltet, womit die Vermehrung der Amtshauptmannschaften (27) und die Verwandlung der Kreisdirektionen in Kreishauptmannschaften zusammenhing. Das Volksschulwesen trat mit dem Volksschulgesetz von 1873 unter die Leitung der königl. Bezirksschulinspektoren und wurde durch die Fortbildungsschule ergänzt.

§ 120. König Johann nahm an alledem den regsten persönlichen Anteil unter all den leidvollen und erhebenden Erfahrungen, die ihm persönlich beschieden waren. Von seinen fünf Töchtern verblieb ihm nur eine, die Herzogin Elisabeth von Genua; dafür erwuchs ihm aus der Ehe seines zweiten Sohnes Georg mit Maria Anna von Portugal (11. Mai 1859) eine blühende Enkelschar. Mit dem greisen Kaiser Wilhelm verband ihn bald ein festes Vertrauensverhältnis. So zählte er zu den bewährtesten Stützen des neuen Reiches, als ihn, nachdem er noch am 10. Dezember 1872 seine goldne Hochzeit be1873. gangen hatte, am 29. Oktober 1873 in Pillnitz ein sanfter Tod von schweren Leiden erlöste. Mit tiefer Trauer stand das sächsische Volk an seinem Sarge, aber mit fester Zuversicht und gehobener Seele vertraute es sich der umsichtigen, sicheren und milden Leitung seines ruhmvollen und gütigen Königs Albert.

9. Sachsen als Glied des Deutschen Reichs. König Albert.

§ 121. Unter dieser Leitung und während eines langen Friedens, den die ebenso besonnene als feste Staatskunst Fürst Bismarcks gegen die allgemeine Erwartung zu wahren verstand, nahm die innere Entwickelung Sachsens im steten engen Zusammenhange mit der Gesetzgebung und Politik des Reichs ihren ruhigen Fortgang. Die Eisenbahnen wurden seit 1876 fast alle verstaatlicht und durch den Bau namentlich von Sekundärbahnen so vermehrt, daß das sächsische Eisenbahnnetz 1894 im Ganzen über 2600 km umfaßte. Das Steuerwesen erhielt 1878 eine neue Ordnung (progressive Einkommensteuer) und ergab bald solche Überschüsse, daß ein Teil der Grundsteuer den Gemeinden zur Deckung ihrer rasch wachsenden Schullasten überwiesen werden konnte. Die Gerichtsverfassung wurde, nachdem die sächsische Justizhoheit auch über die Schönburgischen Recessherrschaften ausgedehnt worden war, nach den Reichsjustizgesetzen vom 1. Oktober 1879 an völlig neu gestaltet (1 Oberlandesgericht, 7 Landgerichte, 105 Amtsgerichte) und Leipzig zum Sitze des Reichsgerichts erhoben, das 1895 sein neues pracht-

Debi † 957

Dietrich de Bužici † 982

Debi I. von Hörbig † 1009   Friedrich von Eilenburg † 1017

Dietrich II., Markgraf der Lausitz, † 1034

Debi II.   Thiemo   Gero von Brehna
Gem. Abela

Heinrich I. von Eilenburg,   Konrad der Große, Markgraf 1123—56   Dietrich   Debo   Heinrich   Friedrich
Markgraf von Meißen, † 1103   Gem. Luitgard v. Ravenstein   von Eilenburg   von Rochlitz   von Wettin   von Brehna
Gem. Gertrud, T. Eckberts I.
von Meißen

Heinrich II. † 1123   Otto   Dietrich der Bedrängte † 1221
                      der Reiche   Gem. Jutta, T. Hermanns I. von Thüringen
                      † 1190

Albrecht der Stolze   Heinrich der Erlauchte
† 1195   † 1288

Albrecht der Entartete † 1314   Dietrich von Landsberg   Friedrich der Kleine
Gem. Margareta, T. Kaiser Friedrichs II.   † 1284

Friedrich I. der Freidige † 1324   Diezmann   Friedrich Jutta
Gem. Elisabeth von Arnshaugk   † 1307   † 1294

Friedrich II. der Ernsthafte
† 1349

Friedrich III. der Strenge † 1381   Balthasar   Wilhelm I.
Gem. Katharina von Henneberg   † 1406   † 1407

Friedrich IV. der Streitbare, Kurfürst 1423, † 1428   Friedrich der Friedfertige
Gem. Katharina von Braunschweig   † 1440

Friedrich V. der Sanftmütige † 1464   Wilhelm III. der Tapfere
Gem. Margareta von Österreich   † 1482

Friedrich VI. der Weise † 1525	Johann der Beständige † 1532 Gem. Sophia von Mecklenburg	Gem. Joena (Sdonka), T. Georgs von Podiebrad, K. von Böhmen	Heinrich der Fromme † 1541 Gem. Katharina von Mecklenburg

Johann Friedrich der Großmütige † 1554	Georg der Bärtige † 1539	August † 1586 Gem. Anna von Dänemark

| Moritz, 1547 Kurfürst, † 1553 | Christian I. † 1591 Gem. Sophia von Brandenburg

| | Christian II. † 1611 Gem. Hedwig von Dänemark

| | Johann Georg I. † 1656 Gem. Magdalena Sibylla von Brandenburg

| | August von Magdeburg und Weißenfels | Christian von S.-Merseburg | Moritz von S.-Zeitz

Johann Georg II., Kurfürst, † 1680
Gem. Magdalena Sibylla von Br.-Bayreuth

Johann Georg III. † 1691
Gem. Anna Sophia von Dänemark

Johann Georg IV. † 1694 | Friedrich August I., 1697 König von Polen, † 1733
Gem. Christiane Eberhardine von Brandenburg-Bayreuth

Friedrich August II., König von Polen, † 1763
Gem. Maria Josepha, T. Kaiser Josephs I.

Friedrich Christian † 1763
Gem. Maria Antonia Walpurgis, T. Karl Alberts von Bayern | Franz Xaver

Friedrich August III. (I.) der Gerechte, 1806 König, † 1827
Gem. Marie Amalie Auguste von Pfalz-Zweibrücken | Anton Klemens Theodor, König, † 1836 | Maximilian † 1838
Gem. Marie Luise von Parma

| | Friedrich August II. † 1854, Gem. Marie Anna, T. K. Maximilians I. von Bayern | Johann, † 1873, Gem. Amalie Auguste, T. K. Maximilians I. von Bayern

Maria Elisabeth

Albert
Gem. Carola von Wasa

Marie Elisabeth Herzogin von Genua | Friedrich August Gem. Luise von Toscana | Josepha | Georg Gem. Maria Anna von Portugal | Max Albert

Mathilde | | | Johann Georg Gem. Isabella von Württemberg

volles Gebäude bezog. Den höheren Schulen (Gymnasien, Realschulen und Seminaren) gab das Gesetz von 1876 vielfach eine neue Ordnung; auch wurden sie wesentlich vermehrt (namentlich die Realschulen) und erhielten meist neue zweckentsprechende Gebäude. Die praktische Kunstpflege des Staates und der Gemeinden nahm einen zum Teil großartigen Aufschwung (Umbau des Schlosses in Dresden und der Albrechtsburg in Meißen; Verschönerung der Städte).

§ 122. An dem allgemeinen wirtschaftlichen Fortschritte Deutschlands seit der Erneuerung des Reichs war Sachsen besonders in der Richtung beteiligt, daß Handel und Industrie einen immer größeren Teil der Bevölkerung in Anspruch nahmen (1895 Industrie und Bergbau 58%, Handel und Verkehr 14%, Landwirtschaft nur 15%) und die Bevölkerung, namentlich die der größeren Städte, immer mehr anwuchs (3,787,000 i. J. 1895). Obwohl nun das Reich durch das Gesetz gegen die gemeinfährlichen Bestrebungen der Sozialdemokratie 1878 und eine großartige soziale Fürsorge für die handarbeitenden Klassen gleichzeitig jene staatsgefährliche Bewegung einzudämmen und diese Klassen mit dem Bestehenden zu versöhnen suchte, auch der sächsische Staat ganz unmittelbar zu ihren Gunsten eingriff, z. B. durch den Ankauf der sämtlichen, wenig einträglichen Freiberger Erzgruben 1886, so schwoll doch gerade in Sachsen mit der industriellen Entwickelung die Sozialdemokratie immer mehr an und drang auch in den Landtag ein. Daher gewährte zwar das Wahlgesetz vom 28. März 1896 das allgemeine Wahlrecht zur Zweiten Kammer, aber es teilte die Wähler nach ihren Steuerleistungen in drei Klassen, von denen jede ein Drittel der Abgeordneten wählen sollte, und führte die indirekte Wahl (Urwähler und Wahlmänner) ein, um eine mögliche sozialdemokratische Mehrheit zu verhindern.

§ 123. Gleichwohl erstarkte die Reichstreue des sächsischen Volkes von Jahr zu Jahr, und trat ebenso bei dem letzten Besuche Kaiser Wilhelms I. in Sachsen 1882 wie bei der Trauer um den Tod der beiden ersten deutschen Kaiser und der Thronbesteigung Kaiser Wilhelms II. 1888 in zahllosen Kundgebungen hervor. Aber auch das Verhältnis zu König Albert und seinem Hause, der in der Treue zu Kaiser und Reich allen voranleuchtete, wurde ein immer engeres; daher fanden Feste wie die silberne Hochzeit des Königspaares 1878, die 800jährige Feier der Übertragung der Mark Meißen an das Haus Wettin 1889 (s. § 6) und das fünfzigjährige Militärjubiläum des Königs 1893 die allgemeinste und herzlichste Teilnahme. So wurde Sachsen ein glänzendes Beispiel der untrennbaren Verbindung zwischen warmer Heimatliebe und deutscher Gesinnung.

Zeittafel und Inhaltsübersicht.

1. Das Mittelalter.

Paragr.		Jahreszahl.
1	Die **Hermunduren** im heutigen Sachsen und Thüringen, seit dem 5. Jahrhundert **Thüringer** genannt.	
	Das thüringische Reich wird von den **Franken** zerstört; nur der mittlere Teil behält den Namen und eine gewisse Selbständigkeit unter fränkischer Herrschaft	531.
2	Einwanderung der **Slawen** (Wenden) vom Stamme der **Sorben** im Lande östlich der Saale.	
3	Die Sorben von Karl dem Großen unterworfen, später wieder frei	804.
4. 5	König **Heinrich I.**, Herzog von Sachsen, unterwirft die Sorben abermals und gründet die **Burg Meißen**.	928.
	Kaiser **Otto I. der Große** stiftet die drei **Marken** und Bistümer von Zeitz (später Naumburg), Merseburg und Meißen. Deutsche **Markgrafen** als königliche Beamte. Anfänge des Christentums	936–973.
6	Das Markgrafenamt wird allmählich erblich, doch wechseln noch mehrfach die markgräflichen Geschlechter bis 1089.	
	Ekard I. unterwirft die **Milzener** um Bautzen (Budissin)	um 1000.
	Kämpfe mit Boleslaw Chrabry von Polen um den Besitz der Marken	1004–1031.
7	Aufkommen der **Wettiner** an der unteren Saale.	
12	In Thüringen die **Winzenburger**, später **Landgrafen**. Neben ihnen mächtig die fränkischen **Ludwiginger**.	
7	**Heinrich I.** von Eilenburg der erste Markgraf von Meißen aus dem Hause Wettin	1089.
	Konrad I. (von Brehna) Markgraf von Meißen (mit Budissin) und der Lausitz	1123.
8	Seine Teilnahme am Römerzuge Lothars	1136–1137.
	und am sächsischen Kreuzzuge gegen die Wenden	1147.
	Teilung seiner Lande	1156.
12	Die Landgrafschaft Thüringen fällt an die Ludwiginger	1130.
8	Konrad I. stirbt als Mönch auf dem Petersberge	1157.
9	Markgraf **Otto der Reiche** stiftet das Kloster Alt-Zella	um 1170.
	und gründet **Freiberg**	um 1180.
12	In Thüringen Ludwig II. der Eiserne und Ludwig III.	
	Auflösung des alten Herzogtums Sachsen nach dem Sturze Heinrichs des Löwen	1181.
10	Albrecht der Stolze. Dietrich der Bedrängte unterwirft Leipzig und erwirbt die (Nieder-)Lausitz zurück	1210.
11. 13. 14	**Heinrich der Erlauchte**	1221–1288.
	Erwerbung des Pleißnerlandes	1243.

Paragr.		Jahreszahl.
12	In Thüringen Hermann I., Ludwig IV. und die heilige Elisabeth.	
	Das Thüringische Landgrafenhaus stirbt mit Heinrich Raspe aus	1247.
13	Der thüringische Erbfolgekrieg	1256-1264.
	Schlacht bei Wettin	1263.
	Die Wettiner erwerben Thüringen endgiltig	1264.
14	Heinrich der Erlauchte überläßt seinem älteren Sohne Albrecht (dem Entarteten) Thüringen und das Pleißnerland, dem jüngeren Dietrich das Osterland (Mark Landsberg). Fehden	1265.
24	Die Herzogtümer Sachsen-Wittenberg und Sachsen-Lauenburg	1260.
15	Bekehrung und Germanisierung der slawischen Lande im Osten der Saale.	
15-17	Wirtschaftliche und geistige Blüte der Wettinischen Lande.	
18	Zersplitterung und Gefährdung des Wettinischen Besitzes.	
19	Friedrich I. der Freidige wird der Wiederhersteller der Wettinischen Macht	1291-1324.
	Schlacht bei Lucka	1307.
	Erwerbungen in Thüringen.	
	Die Lausitzen böhmisch: Görlitz und Budissin	1319. 1346.
	Die Nieder-Lausitz	1367.
20	Friedrich II. der Ernsthafte	1324-1349.
	Thüringische Grafenfehde; Erwerbung von Orlamünde	1343-1345.
	Wiedererwerbung von Landsberg	1347.
	Der Sechsstädtebund in der Oberlausitz	1346.
21	Friedrich III. der Strenge	1349-1381.
31	Erste Ständeversammlung in Leipzig	1350.
21	Teilweise Erwerbung des Vogtlandes.	
	Weimar, Hildburghausen und Gotha fallen an die Wettiner	1373. 1374.
	Erbverbrüderung mit Hessen	1373.
22	Thüringen selbständig unter Balthasar und Friedrich dem Friedfertigen	1382-1440.
22	Wilhelm I. von Meißen. Burggrafschaft Dohna	1379-1407.
33	Gründung der Universität Erfurt	1389.
23	Friedrich IV. der Streitbare	1381-1428.
	Gründung der Universität Leipzig	1409.
	Erwerbungen in Thüringen und im Vogtlande.	
	Die Hohenzollern in Brandenburg	1419.
	Der Hussitenkrieg	1419-1431.
24	Friedrich der Streitbare Herzog und Kurfürst von Sachsen-Wittenberg	1423.
25	Schlacht bei Aussig	1426.
26	Friedrich V. der Sanftmütige	1428-1464.
	und Wilhelm III. der Tapfere	1428-1482.
	Raubzüge der Hussiten	1427. 1429. 1430. 1431.
27	Gebietserwerbungen im Umkreise der Mark Meißen.	
31	Erste Landesordnung für Thüringen	1452.
27	Eintritt Brandenburgs in die sächsisch-hessische Erbverbrüderung	1457.
	Vertrag von Eger mit Böhmen	1459.
28	Der sächsische Bruderkrieg	1446-1451.
28	Der Prinzenraub	1455.

Paragr.		Jahreszahl.
32	Zinnbergwerk in Altenberg	1458.
29	Ernst und Albrecht in Gemeinschaft	1464-1485.
	Eroberung von Plauen i. B.	1466.
	Ankauf des Herzogtums Sagan	1472.
	Quedlinburg und Erfurt treten unter sächsische Schutzherrschaft	1477. 1483.
	Albrecht der Beherzte im Kampfe gegen Karl den Kühnen von Burgund	1475.
32	Aufschwung des Silberbergbaues im Erzgebirge seit	1471.
	Erste Landesordnung für Meißen	1482.
30	Die Landesteilung von Leipzig; Ernestiner und Albertiner	1485.

2. Die Neuzeit.

35	Albrecht der Beherzte	1485-1500.
	Seine Kämpfe in Friesland	1488-1500.
	Einführung der Erbfolge nach der Erstgeburt im albertinischen Sachsen	1499.
	Georg der Bärtige	1500-1539.
36	Kurfürst Friedrich der Weise	1486-1525.
	Seine Bemühungen um die Reichsreform.	
37	Gründung der Universität Wittenberg	1502.
	Beginn der Lutherischen Kirchenreformation	1517.
	Luther in Augsburg	1518.
37. 38	Verhandlungen in Altenburg, Disputation in Leipzig	1519.
	Kurfürst Friedrich Reichsvikar. Karl V. Kaiser	1519.
	Luther verbrennt die Bannbulle	1520.
39	Luther in Worms geächtet, auf der Wartburg	1521.
	Bildersturm in Wittenberg	1522.
40	Der Bauernkrieg; Schlacht bei Frankenhausen	1525.
	Johann der Beständige	1525-1532.
41	Der erste Reichstag von Speier	1526.
	Gründung der evangelisch-lutherischen Landeskirche in Kursachsen (Kirchenvisitationen)	1528.
42	Der zweite Reichstag von Speier („Protestanten")	1529.
	Die Augsburgische Konfession	1530.
	Der Schmalkaldische Bund und der Nürnberger Religionsfriede	1531. 1532.
44	Kurfürst Johann Friedrich der Großmütige	1532-1547. (1554)
43	Im albertinischen Sachsen Heinrich der Fromme Einführung der Reformation.	1539-1541.
44	Herzog Moritz; seine ehrgeizigen Pläne	1541-1553.
45	Der Schmalkaldische Krieg; Moritz für den Kaiser Belagerung von Leipzig, Schlacht bei Mühlberg; Wittenberger Kapitulation. Moritz Kurfürst. Neuordnung der Verwaltung. Die drei Fürsten- und Landesschulen	1546-1547. 1548.
46	Das Leipziger Interim	1548.
	Moritz vor Magdeburg	1550-1551.
	Vertrag mit Frankreich	1551-1552.
47	Krieg gegen den Kaiser; Religionsfriede von Passau	1552.
48	Moritz fällt bei Sievershausen	1553.
51	Kurfürst August; „Mutter" Anna	1553-1586.

Paragr.		Jahreszahl
52	Vertrag von Naumburg mit den Ernestinern	1554.
	Religionsfriede von Augsburg	1555.
	Die Grumbachischen Händel; Belagerung und Eroberung von Gotha	1567.
53	Der Kryptocalvinismus. Die Konkordienformel	1577. 1580.
54	Rückerwerbung des Vogtlandes	1569.
	Erwerbung der Grafschaft Henneberg	1583.
	Einziehung der drei sächsischen Bistümer	1561-1581.
55	Augusts Konstitutionen	1572.
59	Christian I., der Kanzler Nicolaus Krell	1586-1591.
	Bündnis mit der Kurpfalz	1591.
	Christian II., zunächst unter Vormundschaft Friedrich Wilhelms von Weimar	1591-1611.
	Krell hingerichtet	1601.
60	Wachsender kirchlicher und politischer Zwiespalt im Reiche.	
61	Johann Georg I.	1611-1656.
	Defensionsordnung	1613.
	Der dreißigjährige Krieg	1618-1648.
62	Johann Georg I. besetzt als Bundesgenosse Kaiser Ferdinands II. die Lausitzen und Schlesien	1620-1621.
	Die Lausitzen ihm verpfändet	1621.
63	Das Restitutionsedikt	1629.
	Gustav Adolf von Schweden in Deutschland	1630.
	Leipziger Konvent; der Kurfürst tritt zu Schweden über; Schlacht bei Breitenfeld; die Sachsen in Böhmen	1631.
64	Schlacht bei Lützen; Gustav Adolf fällt	1632.
	Friede von Prag: Sachsen mit dem Kaiser verbündet	1635.
	Die Lausitzen an Sachsen.	
	Fortdauer des Krieges unter entsetzlichen Verheerungen.	
65	Waffenstillstand von Kötzschenbroda	1645.
	Der Westfälische Friede	1648.
67	Stiftung der drei Herzogtümer Sachsen-Weißenfels, Sachsen-Merseburg und Sachsen-Zeitz für die jüngeren Söhne Johann Georgs I.	1652.
70	Johann Georg II.	1656-1680.
	Schlacht bei St. Gotthard an der Raab	1664.
	Verzicht auf das Schutzrecht über Erfurt	1667.
	Der 2. Raubkrieg gegen Frankreich	1672-1679.
72	Postordnung	1661.
71	Johann Georg III.	1680-1691.
	Begründung des stehenden Heeres	1682.
	Schlacht bei Wien, Erstürmung von Ofen	1683. 1686.
	Der 3. Raubkrieg	1688-1697.
	Johann Georg IV.	1691-1694.
72	Oberpostdirektion in Leipzig	1693.
75	Friedrich August I. der Starke	1694-1733.
	Wahl zum König von Polen und Übertritt zum Katholizismus	1697.
76	Der nordische Krieg	1700-1721.
	Sächsische Truppen in Polen; Schlacht bei Fraustadt; Karl XII. von Schweden in Sachsen; Friede von Altranstädt	1706.
	Friedrich August nimmt die polnische Krone wieder	1709.
	Die Sachsen vor Stettin und Stralsund	1714. 1715.
77. 78	Veräußerung von Besitzungen und Rechten.	
	Erfindung des Porzellans	1709.

Paragr.		Jahreszahl.
77. 78	Prachtbauten und Sammlungen namentlich in Dresden, Lustlager von Zeithain	1730.
79	Friedrich August II.	1733-1763.
	Der polnische Successionskrieg	1733-1735.
	Graf Heinrich von Brühl, Premierminister	1746.
80	Dresden das „deutsche Florenz".	
81	Der erste schlesische Krieg und der österreichische Erbfolgekrieg	{1740-1742. 1741-1748.
	Sachsen auf Preußens Seite.	
	Vertheidigungsbündniß mit Österreich	1743.
	Der zweite schlesische Krieg	1744-1745.
	Schlachten bei Hohenfriedberg (Striegau) und Kesselsdorf; Friede von Dresden	1745.
82	Sachsen schließt sich thatsächlich dem Kriegsbündnisse gegen Preußen an.	
83	Der siebenjährige Krieg	1756-1763.
	Kapitulation der sächsischen Truppen bei Pirna; Sachsen in preußischem Besitz	1756.
84	Schlacht bei Kolin, Zerstörung von Zittau	1757.
	Überfall von Hochkirch	1758.
	Dresden an die Österreicher übergeben; Kapitulation Finck's bei Maxen	1759.
	Beschießung Dresdens, Schlacht bei Torgau	1760.
	Schlacht bei Freiberg	1762
	Friede von Hubertusburg	1763.
85	Friedrich Christian	1763.
	Ordnung der Finanzen, Annäherung an Preußen.	
86	Friedrich August III. (I.) der Gerechte	1763-1827.
	Prinz Xaver Administrator	1763-1768.
	Neuordnung des Heer- und Festungswesens.	
88	Bergakademie in Freiberg	1765.
87	Abschaffung der Folter	1770.
	Notjahr; Kassenbillets	1771-1772.
	Das Geheime Finanzkollegium	1782.
	Bauernunruhen	1790.
90	Der bayrische Erbfolgekrieg; ein preußisch-sächsisches Heer in Böhmen	1778-1779.
	Sachsen im deutschen Fürstenbunde	1785.
91	Zusammenkunft in Pillnitz	1791.
	Sächsische Truppen im 1. Koalitionskriege gegen Frankreich (Kaiserslautern, Pirmasens, Wetzlar)	1793-1796.
	Friede von Basel	1795.
	Neutralitätsvertrag von Erlangen	1796.
	Auflösung des heiligen römischen Reiches deutscher Nation; der Rheinbund	1806.
92	Schlacht bei Jena und Auerstädt.	
	Friede von Posen; Sachsen Königreich und Mitglied des Rheinbundes	1806.
93	Krieg gegen Österreich; die „Schwarzen" in Sachsen, die Schlacht bei Wagram	1809.
94	Feldzug gegen Rußland; Napoleon in Dresden; die Sachsen in der Schlacht bei Borodino und in Südrußland (Kobryn, Podobna)	1812.
95. 96	Erhebung Preußens; die Preußen und Russen in Sachsen, Schlachten bei Großgörschen und Bautzen. Waffenstillstand von Poischwitz. Dresden Napoleons	

Paragr.		Jahreszahl.
	Hauptstellung, Schlachten bei Dresden, Kulm, Großbeeren, Dennewitz. Völkerschlacht bei Leipzig. Der König Gefangener der Verbündeten, das Land unter fremder Verwaltung	1813.
97	Der Wiener Kongreß. Teilung Sachsens. Der Deutsche Bund. Rückkehr des Königs	1815.
98	Wiederherstellungsarbeiten. Forstakademie in Tharandt 1816, Eilpost 1823, Kunststraßen.	
99	Anton der Gütige	1827-1836.
	Der mittelbeutsche Handelsverein	1828.
100	Die französische Julirevolution; Bewegungen in Leipzig und Dresden; Prinz Friedrich August Mitregent	1830.
101	Die neue sächsische Verfassung; Umgestaltung der Verwaltung	1831.
102	Sachsen tritt in den deutschen Zollverein . .	1834.
103	Friedrich August II.	1836-1854.
	Bildung einer liberalen Partei	1836.
	Dampfschiffahrt auf der Elbe	1837.
	Leipzig-Dresdner Eisenbahn	1839.
104	Der Gustav-Adolf-Verein	1842.
105	Das Notjahr; wachsende Mißstimmung	1846-1847.
106	Die Pariser Februarrevolution; Märzminister und Märzerrungenschaften in Deutschland; Revolutionen in Wien und Berlin. Die Nationalversammlung in Frankfurt, Erzherzog Johann Reichsverweser	1848.
	Neues Wahlgesetz in Sachsen	1849.
	Friedrich Wilhelm IV. von Preußen lehnt die Wahl zum Kaiser der Deutschen ab. Maiaufstand in Dresden. Erstürmung der Düppeler Schanzen. — Ministerium Beust. Dreikönigsbündnis	1849.
107	Auflösung des Landtags; die reaktivierten Stände . .	1850.
	Dresdner Konferenzen, Wiederherstellung des Bundestages	1851.
	Erneuerung und Erweiterung des Zollvereins . . .	1853.
108	Johann	1854-1873.
	Ausbau der Verwaltung: neue Gerichtsverfassung und Strafgesetzbuch 1856, bürgerliches Gesetzbuch 1865, Kirchen- und Synodalordnung 1868, Gewerbefreiheit 1861.	
109	Kaiser Napoleon III. 1852-1870. Der Krimkrieg .	1853-1856.
	Der italienische Krieg. Fr. Schillers hundertjähriger Geburtstag	1859.
	Prinz Wilhelm 1858 Regent, 1861 König von Preußen. Ministerium Bismarck 1862. Die Bundesreformfrage; das Leipziger Turnfest, der Fürstentag in Frankfurt	1863.
	Erneuerung des Zollvereins	1864.
110	Bundesexekution gegen Holstein (Sachsen und Hannoveraner)	1864.
	Der dänische Krieg. Schleswig-Holstein von Dänemark getrennt	1864.
111	Verwickelungen zwischen Österreich und Preußen . .	1866.

Paragr.		Jahreszahl.
112. 113	Der deutsche Krieg. Sachsen von den Preußen besetzt. Treffen bei Gitschin; Schlacht bei Königgrätz	1866.
114	Vorfriede von Nikolsburg und Friede von Prag. Friede von Berlin zwischen Preußen und Sachsen.	
115	Der Norddeutsche Bund	1867.
	Albertverein	1867.
116	Der Krieg gegen Frankreich. Das XII. (kgl. sächs.) Armeecorps unter Kronprinz Albert bei der II. deutschen Armee. Schlacht bei Gravelotte und St. Privat. Kronprinz Albert Oberbefehlshaber der IV. (Maas-)Armee	1870.
117	Schlachten bei Beaumont und Sedan. — Die Sachsen vor Paris: Schlacht bei Brie und Villiers. Kapitulation von Paris und Waffenstillstand	1871.
118	Erneuerung des Deutschen Reichs; König Wilhelm von Preußen Deutscher Kaiser. Vorfriede von Versailles, Friede von Frankfurt. Triumpheinzüge in Berlin und Dresden	1871.
119	Einführung der Selbstverwaltung	1873.
120	König Albert	1873.
121	Innere Entwickelung Sachsens seit 1873. Reichsgericht in Leipzig 1879.	
122	Wirtschaftliche und soziale Verhältnisse.	
123	Staat und Reich.	